智慧课堂学习模式与策略研究

Research on Learning Models and Strategies in Smart Classrooms

卞金金　著

北　京

冶　金　工　业　出　版　社

2024

内 容 提 要

　　本书梳理了国内外智慧课堂的相关研究，分析了智慧课堂的技术特征，设计了基于智慧课堂的学习模式与策略，阐述了在智慧课堂环境支持下，师生在课前、课中和课后三个环节可采取的科学行为，并进行了智慧课堂学习模式与策略的应用研究。结果表明，运用基于智慧课堂的学习模式与策略，有助于学生优化学习过程，增强资源适应性，提高知识掌握率，提升学习兴趣。

　　本书可供中小学一线教师、教研员、教育教学研究者及教育教学管理者等阅读参考。

图书在版编目（CIP）数据

智慧课堂学习模式与策略研究／卞金金著. -- 北京：冶金工业出版社，2024.12. -- ISBN 978-7-5240-0033-4

Ⅰ. G424.21

中国国家版本馆 CIP 数据核字第 2024YU4717 号

智慧课堂学习模式与策略研究

出版发行	冶金工业出版社	**电　话**	(010)64027926
地　址	北京市东城区嵩祝院北巷 39 号	**邮　编**	100009
网　址	www.mip1953.com	**电子信箱**	service@ mip1953.com

责任编辑　刘　博　美术编辑　吕欣童　版式设计　郑小利
责任校对　梁江凤　责任印制　禹　蕊
三河市双峰印刷装订有限公司印刷
2024 年 12 月第 1 版，2024 年 12 月第 1 次印刷
710mm×1000mm　1/16；10 印张；201 千字；150 页
定价 75.00 元

投稿电话　(010)64027932　投稿信箱　tougao@cnmip.com.cn
营销中心电话　(010)64044283
冶金工业出版社天猫旗舰店　yjgycbs.tmall.com
(本书如有印装质量问题，本社营销中心负责退换)

前　　言

当今世界科技发展日新月异，人工智能、移动互联网、虚拟现实、大数据科学与学习分析技术等新一代信息技术催生教育变革与创新。智慧教育作为数字教育的高端形态已成为全球教育发展的必然趋势。智慧课堂作为智慧教育的重要组成部分，是指以云计算拓展教育资源与教育服务的共享性，移动互联网增强教育网络与多种终端的连通性为基础，结合大数据科学与学习分析技术的智能化教育教学信息系统的新型学习环境；同时，它又是以优质资源共享化、评价反馈即时化、交流互动多样化、信息资源推送智能化、学习个性化、教学定制化和管理数据化为主要特征的新型学习形态。因此，开展智慧课堂学习模式与策略研究，对促进学生智慧成长、教育个性化发展与整体发展、教育信息化发展和提高教育质量具有重要的理论意义和实践价值。

作者通过对国内外的文献调查发现，对于智慧课堂学习模式与策略的研究，大多数专家、学者只是从智慧课堂学习的现状、模式、策略及评价等某一个问题进行研究。本书在信息化环境下系统全面地研究上述问题，以教学系统设计理论、智慧教育理论、混合学习理论、联通主义理论、发展心理学理论、学习活动理论和游戏化学习理论等为指导，运用文献研究、内容分析、个案研究和试验研究等方法，开展了以下几个方面的研究：（1）国内外智慧课堂学习模式与策略现状研究，（2）智慧课堂学习系统分析，（3）智慧课堂学习系统功能设计，（4）智慧课堂学习模式研究，（5）智慧课堂学习策略研究，（6）智慧课堂学习模式与策略应用效果研究。

本书构建的智慧课堂学习模式主要包括以下方面。（1）学习共同体设计：由学生、学习伙伴和教师构成的学习共同体设计，学习目标和任务等设计。（2）学习活动设计：自我分析学习活动设计、自主探究学习活动设计、情境创设学习活动设计、协作互动学习活动设计、评价反思学习活动设计和巩固扩展学习活动设计。(3) 学习环境设计：课前应用的学习情景采集、移动互联通信、实时内容推送和信息资源分层共享等技术的环境设计，课中应用的实时内容推送、信息资源分层共享、协作交流互动、智能学习分析和即时反馈评价等技术的环境设计，课后应用的即时反馈评价、移动互联通信和实时内容推送等技术的环境设计。(4) 学习过程设计：课前、课中和课后的学习过程设计。

本书构建的智慧课堂学习策略主要包括以下方面。(1) 认知策略设计：包括认知准备设计，即在学习前师生开展有效讨论，教师为学生推送资源，提出任务要求，学生主动获取、共享学习资源，完成任务要求等；认知互动设计，即教师组织学习活动，学生与场景互动，跨空间实时交流，协同解决问题等。(2) 资源管理策略设计：包括信息资源按需获取设计，即学生通过协同过滤获取资源，分序列获取资源，基于关联规则获取资源等；信息资源动态生成设计，即师生主动共享自创资源，原生性资源的分层存放和主动传递，关注系统记录的学习行为数据等。(3) 多元评价策略设计：包括形成性评价设计，即课前、课中和课后师生基于系统的自评与互评，系统对每个学生情况的数据记录和评价等；总结性评价设计，即教师通过系统统计数据了解每个学生及全班学生的总体情况，学生通过系统了解自我纵向及横向的总体评价等。

本书以深圳市荔园外国语小学三年级 (5) 班学生、广州市云山小学四年级 (4) 班学生、广州市七中高一年级 (1) 班学生在智慧课堂学习系统环境中分别学习英语阅读课程、数学课程及语文课程的学习内容为研究对象，开展单组试验，以及进行前测和后测；应用智慧课堂学习系统的智能统计分析方法，应用学生内省问卷调查、观察、访谈、单向量表、双向量表、X^2 检验和 t 检验等数据收集与统计分析方法等来验证智慧课堂学习模式和策略的应用效果。由此得出以下研究结论：应用智慧课堂学习模式与策略能够显著提升学生个性化学习兴趣，优化学生个性化学习过程，提高学生学习质量，提高学生个性化学习能力、自主探究能力、知识建构能力、协作互动能力、信息资源创新能力和学习评价能力。

在本书撰写过程中，参考了相关的文献资料，在此谨向有关作者表示感谢。由于作者水平所限，书中难免存在不妥之处，敬请广大读者批评指正。

卞金金

2024 年 10 月

目　　录

第一章　绪　　论

第一节　本书的研究背景与意义

一、研究背景

(一) 智慧课堂发展的国际背景

当今世界科技发展日新月异，移动互联网、人工智能、大数据科学与学习分析技术等新一代信息技术催生教育变革与创新。智慧教育作为数字教育的高端形态已成为全球教育发展的必然趋势。美国新媒体联盟地平线项目发布的"地平线报告"曾指出，促进 K-12 领域教育技术应用向深度学习、个性化学习转变，3D 打印技术、游戏与游戏化、沉浸式学习环境和可穿戴设备将在教育领域得到广泛应用。美国《纽约每日论坛》报指出，未来的课堂从课堂管理到教学都采用先进技术，提供优越的学习环境，创新教育活动，使教学者和学习者与学习环境充分融合。美国国家技术与标准研究院（NIST）给出了智能空间（包括智能教室应用）具备的功能和为用户提供的服务。英国雷丁大学的 Tu'lio、Tibu'rcio 和 Edward F. Finch 研究探讨了新型智能教室 INTEGER（Intelligent and Green）的移动性、灵活性、技术应用和交互性等特点能够对学习者的积极行为产生影响。加拿大麦吉尔大学的 Intelligent Classroom 在教师需要演示讲义时，课堂上的学习系统会自动准备好环境，连接并配置好所有设备。土耳其菲拉特大学的 Tuncay Sevindik 研究智能教室对学生成绩产生的影响，发现智能教室明显提高了学生学术成果的水平，如果合理地应用智能教室，可以为面对面的教育提供帮助，形成有效的教学环境。新加坡的信息通信发展管理局与微软公司在新加坡国立教育学院联合设立了 BackPack. Net 中心，旨在建设通过高科技手段辅助教学活动的未来教室。美国国家教育技术董事协会和美国 Title I 董事协会联合撰写了学校技术工具资源指南。美国同时制定了《洛杉矶社区学院学区视音频智慧教室信息技术标准》，智慧教室建设结构如图 1.1 所示。

为了了解国外学者的相关研究，笔者以 "Intelligent classroom" "Smart classroom" "Iclassroom" "Smart learning environment" "Smart learning model" "Smart learning strategy" "Smart classroom & model" "Smart classroom & strategy" 为主题，以多种排列组合方式在各大外文学术文献数据库以及搜索引擎中进行检索。文献来源主要

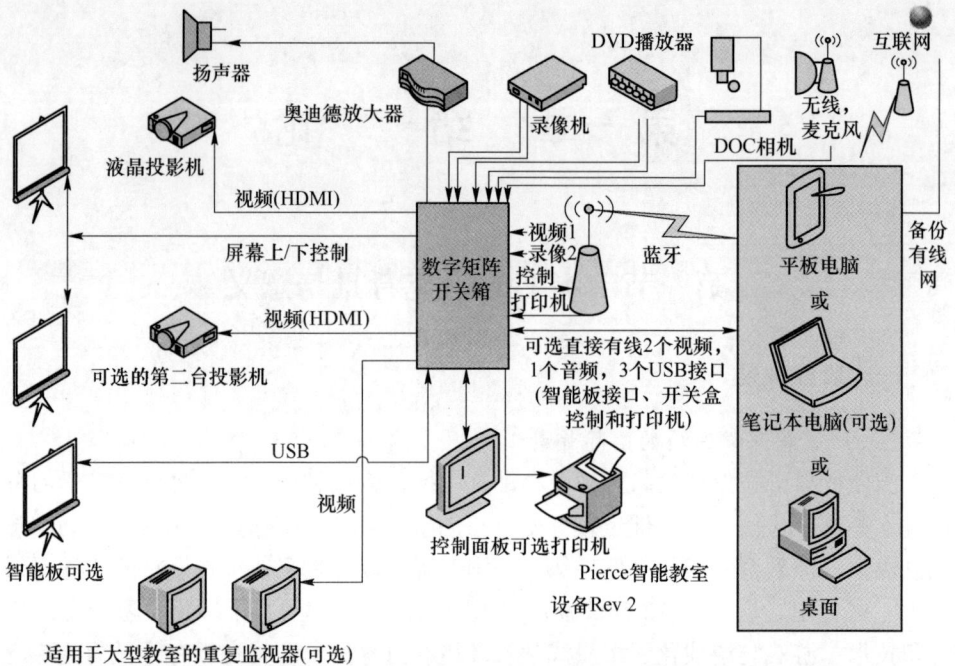

图 1.1　智慧教室建设结构图

有：ERIC（CSA）数据库、Springer Link Journals & Books 数据库、Proquest 数据库，以及 Google Scholar 学术搜索引擎。通过对文献的研究发现，国外研究认为，当前智慧课堂建设中面临的挑战主要有个性化学习、自适应学习和学习分析三个方面。

当前，学生的学习需求日趋多样化，需要有更多的选择和不同的学习方式、途径来实现个性化学习。大数据时代，教育部门和机构有责任去探索如何利用信息技术帮助学生解决复杂问题和形成系统性思维，并通过他们的学习方式影响系统的变化。新兴技术，如人工智能技术有助于在一定条件下创新性地为学生提供个性化的学习服务，培养学生需要形成的能力。美国的梦盒学习（DreamBox Learning）公司和纽顿（Knewton）公司设计了利用大数据的适应性学习系统。自适应学习是指学习软件和在线平台主动去配合学生的学习需求。自适应学习是一种先进的、数据驱动的学习系统，在某些情况下，需要通过非线性的方法来指导和修复。美国纽约的麦格劳·希尔（McGraw-Hill）公司、英国伦敦的培生（Pearson）集团开发的系统能够跟踪学生学业进展，显示学生的学习参与度和学习成绩。学习分析技术不仅可以掌握学生的学习进度，还能促进学生学习。在教学过程中，学习分析技术可以将数据分析和可视化结合起来帮助学生提高学习效率。加拿大的渴望学习（Desire2Learn）公司面向接受高等教育的学生推出"学生成功系统"，系统地分析每个学生的学习数据，及时诊断问题所在，提出改进建议并预测学生考试成绩。

国外关于智慧课堂的研究不仅着力于理论建构方面，更着力于互动技术的实现和应用。英国杜伦大学的学者与软件公司合作，设计了全交互式智能课桌系统。美国北卡罗来纳州立大学的 SCALE-UP 项目，通过教师设计仿真、高交互的学习空间，促进学生开展合作、体验式学习。美国斯坦福大学的黑尔斯·罗斯（Hayers Roth）认为，智能代理技术可以感知环境中的动态条件，执行动作影响环境；进行推理以解释感知信息，求解问题，产生推理和决定动作。克里斯托弗·斯考特（Kristopher Scott）认为，智慧课堂终端可以明确学生的位置和学习进度，确定当前进行的学习活动，推荐学习资源，支持有效的实时协作和学习者与教师之间的资源共享。

国外关于智慧课堂学习模式相关研究趋向以下三个方面。

（1）关注移动技术的智慧课堂学习模式。UCSD 的马特·瑞特普（Matt Rattp）等通过应用观察认为，在政策和条件允许的情况下，使用个人无线智能设备进行学习的模式可以提高学生在课堂上的参与度。斯考特（Scott）设计了依托智慧学习环境下的情境感知服务系统，通过手持移动终端设备，在各种正式的和非正式的方式下结合协同学习来进行的学习模式，该模式可以使各学习阶段的教学变得更完善。思科公司在 KISD（Katy Independent School District）等学校进行了 BYOD（Bring Your Own Device）的移动终端学习应用，尝试让学生自行携带移动终端设备到教室进行学习。

（2）关注学习活动的智慧课堂学习模式。拉尼亚·阿尔巴维（Rania Albalawi）的研究认为，基于移动智能终端的有形交互界面与学生进行交互的学习模式能够帮助学生们提高学习能力和社会交往能力。英特尔全球教育总监布瑞安·冈萨雷斯（Brian Gonzalez）认为，未来智慧课堂是"颠倒的课堂"，是一种将知识传授过程放在课堂外，将知识内化过程放在课堂内的"翻转学习"模型。

（3）个性化、自主化、协作探究的学习模式最为常见。在加拿大多伦多大学的"智慧课堂"项目中，詹姆斯·斯洛特（James D. Slotta）在数学和物理课程中提出了协作式探究的知识社区教学模式（Knowledge Community and Inquiry）。拉奇达·阿朱恩（Rachida Ajhoun）等认为，在智慧课堂中，学习者能够以自己的学习节奏来学习，或只访问与自己相关的知识来参与课程。欧洲 Mobile ELDIT 项目创建的学习模式使学习内容以泛在的方式提供给学习者，离线时学习者也可以进行取用学习。吉姆·斯洛塔（Jim Slotta）在"Smart classroom"项目中致力于实现学习者之间的互相交流，同时学习者还可以同教室中各种不同的设备进行交流。学习者在智慧课堂中可以在技术的支持下随心所欲地对知识进行建构性加工和处理。

国外关于智慧课堂学习策略相关研究趋向以下两个方面。

（1）利用智慧课堂变革学习方式来提升学生学习能力的策略研究。克里斯坦森（Christensen）认为，智慧课堂是一个以互动为核心，通过有效整合多种技术手段（智慧终端、交互式一体机、无线网络技术等）的人性化和智能化的学习环境，通过个性化、多元化的路径来提升学习者的学习成效。内纳德·格利戈里奇（Nenad Gligoric）指出，教师利用智慧课堂实时感知学生的学习状态，帮助其掌握课堂节奏以达到提高学生学习能力的目的。山姆·范·霍恩（Sam Van Horne）等根据智慧课堂的功能特征，提出了通过变换、交互、学习、沉浸等方式加强师生间的交互。艾格尼丝（Agnes）指出，智慧课堂支持学生的个性化学习，为实现学生的智慧发展提供有效支撑。

（2）以项目实践为依托，开展智慧课堂学习策略研究。美国为了探索技术融入课堂的策略与方法，发起了 1∶1 数字化学习 MLTI（Maine Learning Technology Initiative）行动。加拿大大学通过分析 1129 名学生在课堂上使用智能设备的典型行为，探究智能设备能否真正提高学生的学习能力。美国艾尔蒙湖小学以 iPad 与 Moodle 平台为支撑开展教学，通过在课前提供学习资源，课中开展实践活动并实施有针对性的辅导，促进学生各方面平衡发展。

（二）我国智慧课堂建设相关举措

关于智慧课堂，目前国内外的文献中尚无统一的界定。智能课堂、未来课堂、智慧教室等概念与智慧课堂的理念相通，都是将高新技术融入课堂，打造全新的教育教学环境。为了了解国内学者相关研究，本书以"智慧课堂""智慧教室""未来课堂""智慧学习""智慧学习环境""智慧学习模式""智慧学习策略""智慧课堂＆模式"和"智慧课堂＆策略"为主题，以多种排列组合的方式在中国知网（CNKI）、中国博士学位论文全文数据库、中国优秀硕士学位论文全文数据库及 Google Scholar 学术搜索引擎中进行检索。通过对检索得到的国内关于智慧课堂学习模式与策略的相关文献进行内容分析，了解到我国智慧课堂发展研究现状、智慧课堂学习模式的构建、智慧课堂学习策略研究情况等。

"智慧"一词具有动词和名词的双重词性，它既是学习的目的，也是学习的手段。笔者在中国知网（CNKI）全文数据库中，利用高级搜索功能在检索出的相关文章中发现，有不少"智慧课堂""智慧教育"或者"智慧学习"的相关理论研究是教学论角度之下的"智慧"研究，是以强调师生情智交流为本体的教学过程和以关注在课堂上提升学生"智慧"的过程为重点的研究，而本书致力于从信息化视角对当前高速发展的"智慧"技术所支撑的课堂学习模式和策略开展研究。因此，本书筛选了与实际研究相关性较高的文章共 592 篇，利用 Cite Space Ⅲ软件进行了可视化分析。在分析过程中，采用了软件自带的格式转换功能将数据转换为 Cite Space Ⅲ软件可以识别的数据格式。

1. 国内研究热点聚类分析

国内研究热点聚类图如图 1.2 所示。聚类图中关键词的聚点越大，表示在文献中出现的频率越高。分析相关文献关键词的聚类关系可以看出，"智慧课堂"关键词已经形成聚点，与之较为相关的关键词还有"课堂教学""信息技术""未来课堂"和"智慧教室"等，"学习过程""学习空间"和"移动终端"也是智慧课堂相关研究关注的重点。从图 1.2 中还可以看出，"未来课堂""智慧学习环境""个性化学习""云计算"和"电子书包"等当前研究的热点与智慧课堂形成了一定程度的聚类。

图 1.2　国内研究热点聚类图

2. 国内研究内容分析

通过对国内智慧课堂发展研究的内容进行分析，发现相关研究主要倾向于支撑学习的系统环境和支撑学习的技术特征两个层面。

（1）智慧课堂支撑学习的系统环境研究现状。徐福荫教授认为，智慧课堂支撑学习的技术环境即智慧教室，是以科学教育理论为支撑，利用互联网、物联网、大数据、云计算等新技术，以学生为中心，构建一个公平开放的、互联互动的、智能高效的智慧课堂教学平台及环境，在该环境中运行的智慧教育系统（智能化教育教学信息系统）对学生的行为进行真实记录，产生大数据，利用学习分析技术分析每一个学生的学习数据，根据学生的知识薄弱点推送学习内容，提升学习效率，智慧教育系统界面如图 1.3 所示。

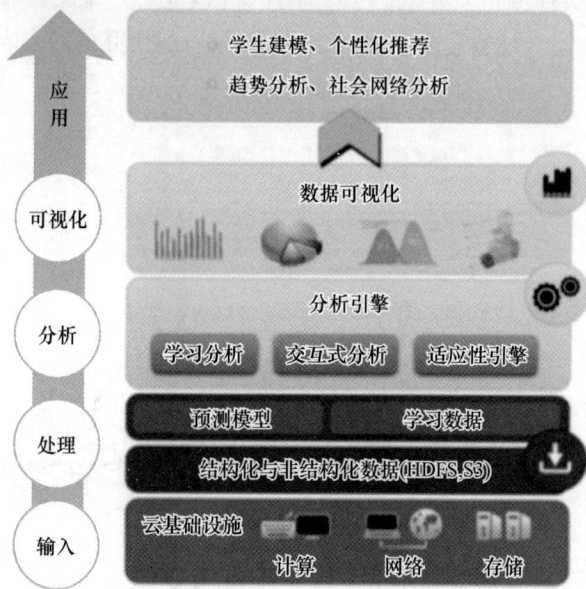

图 1.3　智慧教育系统（智能化教育教学信息系统）界面

黄荣怀教授认为，智慧教室应包括 Showing（内容呈现）、Managing（环境及布局管理）、Accessing（网络及资源接入）、Realtime Interacting（及时互动）、Testing（学习测试与环境检测）等技术环境支撑。

陈卫东等其他学者认为，在未来课堂中运用的关键技术有泛在网络技术、交互白板技术、触屏技术、情境感知技术、智能代理技术；同时提出智慧课堂环境建设要有稳定的无线环境，电子白板等设备需无缝对接，平板电脑要受控，要注意平板电脑电池电量使用时长的问题，要基于移动互联网开发的教学应用，要配合微课程学习应用的开发，要建立知识管理系统及诊断评价系统。国内典型的智慧课堂硬件环境研究代表——清华大学的"Smart Classroom"项目，依靠智能交互空间技术增强真实的教学环境，解决远程教育中的交互问题。华东师范大学教育科学学院教育信息技术学系的"未来课堂研究"项目中开发出了未来课堂模型。

（2）智慧课堂支撑学习的技术特征研究现状。徐福荫教授认为，综合应用物联网、云计算、移动互联网、大数据科学与学习分析等先进技术，面向教师、学生、家长和社会服务的智慧教育系统，要实现"教育协同化""教学定制化""管理数据化"和"学习个性化"等技术特征。黄荣怀教授等认为，在智慧课堂学习环境下，支撑学习的技术特征主要包括：学习的过程记录、情景识别、社群连接、环境感知等，目的是促进学习者轻松、投入和有效地学习。杨现明认为，智慧课堂中的教育要实现情感认知、无缝连接、全向交互、智能管控、按需推送和可视化。王玉龙等认为，智慧教室要实现实时、便利地获取教学资源及捕获和存储课堂生成性资源；能够对课堂教学状态信息进行跟踪、分析、辅助教学决策等技术特征。蒋家傅等认为，智慧校园中的移动学习系统能够使移动学习终端有效地呈现学习内容并且提供教师与学习者之间的双向交流。王运武认为，智慧学习需要有学习情景自动识别，学习资料的个性化推送，学习过程的自动分析，学习结果的自动分析，学生成长的数字化记录，职业生涯的智慧咨询，相同兴趣学习伙伴的智能聚合，无处不在的个性化移动学习，学习内容难度的自适应等功能支撑。

（3）智慧课堂学习模式研究现状。国内关于智慧课堂的学习模式研究主要围绕融合于课堂的自主的、个性化的和协作互动的学习方式进行。

1）智慧课堂自主学习模式研究。祝智庭教授认为，在智慧学习环境中学生应该自主投入、协同互助、随时、随地、随需地拥有学习机会；郭晓珊等认为，"以学习者为中心"的学习模式将成为智慧学习的主导模式，满足学习者多元化、个性化、智慧化的发展需求；唐烨伟等在智慧课堂案例中展现的学习模式主要为以学生为中心，学生自主、协作学习，教师起到组织、引导和指导作用，并结合任务驱动和动手实践等方法。中国台湾的"TEAM Model"智慧课堂项目设计了采用科技创新结合教学的模式，台北市双园小学建构了强调课前预习和课后复习的"自然智慧教室-预习与复习"创新教学模式。重庆市巴南区鱼洞第二小学校的薛恒结合教学实践构建了智慧课堂"2655教学模式"，如图1.4所示。

2）智慧课堂个性化学习模式研究。顾小清等研究了学习分析技术对自我导向学习、学习危机预警和自我评估提供数据支持，为移动学习中的个性化学习设计和增进研究效益提供了参考。徐福荫认为，在智慧教育中，任何人可以在任何时候、任何地方借助电脑、数字电视、手机等各种终端设备进行主动、高质量和个性化的学习；徐紫等分析总结出智慧课堂条件下小学英语高年级个性化学习模式；陈卫东等基于互动理论和智慧教室教学因素，指出围绕资源、人、技术三要素，把学生置于核心，调动各方面要素，创设个性化、智能的互动课堂。

3）智慧课堂协作互动学习模式研究。乔军等认为，基于智能移动学习终端可以进行跨越时空的课堂互动教学；徐岩认为，应用平板电脑等智能终端实现课堂上的互动，以及在移动中的自主学习是现代学习的主要方式之一；陆映波等提

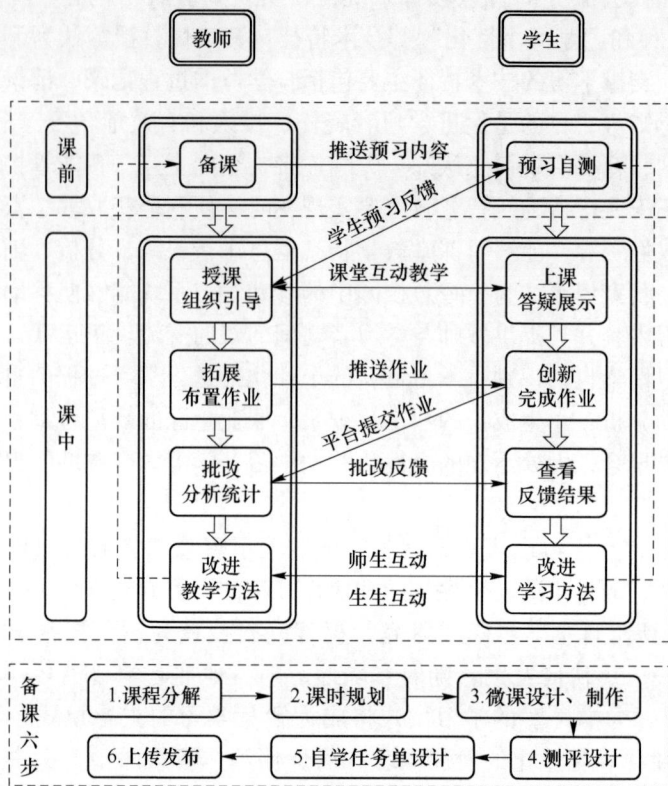

图 1.4　智慧课堂 "2655 教学模式"

出了基于移动学习终端的外语教学新模式，使学习者可以在更为真实、生动、高效的学习环境中学习。陈卫东等认为，未来课堂还是一个高互动的学习空间，关注 9 个方面的互动。林利尧为智慧课堂系统构建了循环的教学互动模型，智慧课堂系统教学过程如图 1.5 所示。

胡卫星等根据智慧教室架构特点，将互动交流与讨论分享相结合，提出了智慧教室教学活动模式主要包括：演讲讲授型、小组协作型和虚拟操作型。庞敬文等提出要在课前学习、课中提升、课后辅导的方式下开展智慧教育。基于电子书包环境下的小学英语智慧课堂的基本流程可以分为课前、课中和课后三个部分，具体流程如图 1.6 所示。

（4）国内智慧课堂学习策略研究现状。国内智慧课堂学习策略研究多从教学设计和教学实施环节的角度切入，并结合当前研究热点如 "翻转课堂" "智慧学习终端" "移动学习" 等展开。唐烨伟等结合网络学习空间的特点和优势，从教学设计、教学实施和教学评价三个方面提出相应教学策略。李丽娟等形成了以 "学习准备—情境创设—问题表征—问题解决—总结评价—迁移应用" 为切入点

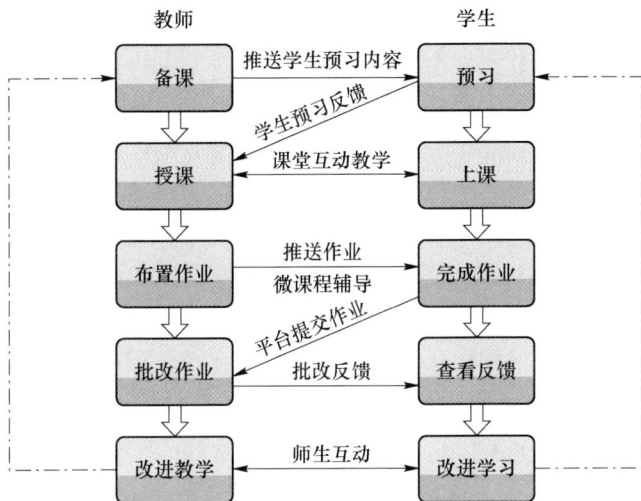

图 1.5 智慧课堂系统教学过程

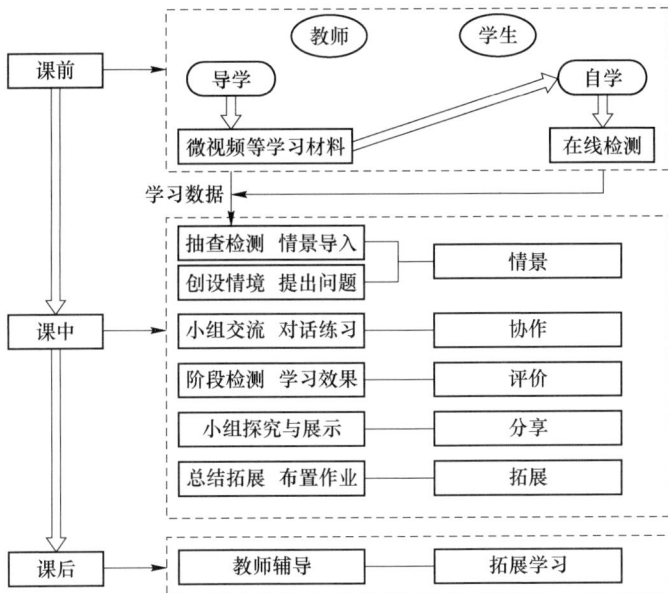

图 1.6 电子书包环境下小学英语智慧课堂流程

的智慧课堂学生高级思维能力发展策略体系。随着平板电脑、电子书包等智慧终端的发展，如何将其与翻转课堂的教学模式进行结合运用，引起了国内外专家学者和一线教师的注意。杨丽、沈书生等开始进行基于电子书包的翻转课堂教学研究与实践，形成了相应的教学策略。郑晓丹等研究了基于智慧终端的翻转课堂教学策略。

　　国内诸多高校及市县教育局在积极推进信息化基础设施建设及信息技术与课程整合的过程中，开始探索智慧课堂的建设，以及在智慧课堂学习系统环境下的学习模式与策略的构建。清华大学计算机系人机交互与媒体集成研究所在智慧教室中引入交互空间的概念，把普通的教室空间增强为可以让教师与远程教育系统交互的空间。"学堂在线"与清华大学在线教育办公室共同开发了教学工具"雨课堂"。"雨课堂"基于移动端，通过微信服务号实现课前推送、实时答题、多屏互动、答疑弹幕及学生数据分析。课上结合课下的"雨课堂"基本实现了教师对教学全周期的数据采样，从课前预习、课堂互动和课后作业等层面，帮助教师分析课程数据和学生情况。华东师范大学教育科学学院教育信息技术学系的"未来课堂研究"项目开发了未来课堂模型，如图 1.7 所示。

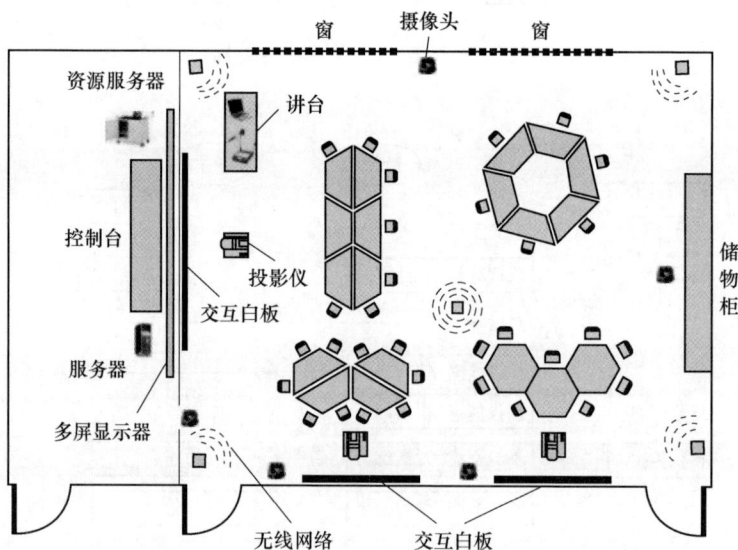

图 1.7　未来课堂的模型

　　广州市越秀区教育局教育信息化的重点从传统的数字校园向更高阶段的智慧校园迈进。在基础教育各试点学校中积极推进智慧课堂建设与应用，促进全面互动，探索智慧课堂学习资源的创造，以学生为中心，以问题为中心，以活动为中心的个性化学习及学生创新能力的培养。深圳市教育局大力开展智慧校园建设与应用试点工作，在智慧课堂建设方面取得明显效果。厦门市教育局在全市中小学、中等职业学校中遴选若干所学校作为试点，先行探索智慧课堂建设模式，并将在未来建设更多的智慧课堂，以此为基础逐步将学校建成智慧校园。

通过对国内外研究现状的分析，笔者发现国内外研究学者对智慧课堂学习模式设计已展开了一定程度的研究，趋向于关注融合于课堂的智能技术促进学习，并开始尝试对学习模式进行构建，常见个性化、自主化、多元化结合泛在的学习模式。但现有的学习模式对各要素的设计仍不够完善，可行性和有效性尚未得到完整验证。大部分相关研究者与研究机构认为，智慧课堂学习系统环境包括个性化、多元化的学习路径和系统，除去传统网络环境已具备的基本技术特征，综合国内外综述的内容，笔者认为，智慧课堂支撑学习的主要技术特征有：资源分层共享、实时内容推送、情景互动识别、智能学习分析、即时反馈评价和移动交流通信等。研究者们认为，在智慧课堂中的学习则应着重于对传统课堂学习的反思，以学习者掌握正确的学习方法为核心，以智慧课堂学习的全过程为重点，整合协作学习、探究学习、自主学习等多种学习方式，突破课堂空间限制，灵活安排学习时间，拓宽知识获取渠道，丰富评价方式，加速学习者能力的形成。由此可见，智慧课堂学习是多元化、个性化、自主探究、协作互动和深度投入的高效学习，个性化、自主探究、协作互动的学习方式成为智慧课堂学习中最为常见的方式，促使智慧学习发生、发展、变化。

通过对国内外的文献调查，笔者发现智慧课堂的学习策略研究多以项目实践为依托，从教学设计和教学实施环节的角度切入，并结合当前研究热点展开，多注重技术环境的建设和学习资源的开发，较少涉及如何系统、有效地利用智慧课堂促进学生学习能力发展的实证研究。

在此背景下，本书旨在结合国内外智慧课堂学习策略设计等方面的研究成果，以智慧教育理论、教学设计理论、学习共同体理论、学习活动理论和游戏化学习理论为指导，构建智慧课堂系统高效的学习策略，并开展实证研究，对指导智慧课堂中教与学的活动具有理论和实践意义。

二、研究意义

智慧课堂作为智慧教育的重要组成部分，通过云计算拓展教育资源与教育服务的共享性，以移动互联网增强教育网络与多种终端的连通性为基础，结合大数据科学与学习分析技术，使优质资源共享化、评价反馈即时化、交流互动多样化、资源推送智能化。智慧课堂主动记录、分析每一个学生的学习数据，促进个性化学习的实现，促进面向信息时代的创新型人才培养。因此，开展智慧课堂学习模式与策略研究，对于教育个性化发展、整体发展和信息化发展具有极为重要的理论意义和实践价值。

（一）促进信息化学习观念的转变

最新信息技术与全新理论应用形成的现代智慧课堂给学习者提供了和谐、自由的学习环境。大批一线教师在对智慧课堂的学习进行观摩和了解后，对智慧课堂教学充满兴趣，对学习环境的智慧性有着强烈的原生需求。已经具备智慧课堂学习条件的师生们，在智慧的环境中逐步体会、适应，逐渐使课堂从传统的、固化的学习形态向生动的、生成性的、动态的学习形态自然转变。

（二）促进自主化、个性化学习的实现

智慧课堂在智能学习分析、学习情景识别等技术的支持下，自动识别学生个体特征，为学生提供合适的学习资源、便利的交流工具及学习活动建议，自动记录学习过程，评测学习成果。学生在智慧课堂环境下可以根据自身的需要进行学习，使学生学习过程轻松自然、投入感强烈、学习效率逐渐提高，为学生数字化和个性化学习的实现提供了切实有效的支持。

（三）促进课堂互动方式的转型

互动是课堂教育的灵魂和核心，任何课堂教学如果没有互动就不能称为真正的课堂。智慧课堂互动方式与传统教学互动相比，在互动通道上可以实现可视化和可记录化，在互动内容上可以实现超链化和多元化，在互动形式上可以实现一对一或者一对多，互动对象可以实现多种层次，互动动力可以实现现场即时生成。使课堂从原先静态的、预设的形态转变成动态生成的、人性化的和高互动的形态。

（四）促进资源生成和获取方式的变化

传统课堂学习资源是由教师制作准备的，是自上而下的、固化的，且随课程结束而结束。智慧课堂学习资源是动态生成的、师生共建的，它即时更新，随需求创造。学习资源的获取也由原来的大量存储，封闭的资源库，按需查找，渠道单一，向获取渠道分布式开放，根据学生个体需要分层共享，根据反馈情况合理推送转变。

第二节　书中相关概念界定

一、智慧课堂

"智慧"在中文语境中是能迅速、灵活、正确地理解事物和解决问题的能力。人们将智慧从狭义上定义为生物所具有的基于神经器官（物质基础）的一种高级的综合能力，在英文语境中是利用知识经验作出好的或善的决策和判断的能力。

笔者在文献检索过程中发现，有不少"智慧课堂""智慧教育"或者"智慧学习"的相关理论研究，认为智慧课堂是用教育哲学指导和提升教育改革，从知识走向智慧，从培养"知识人"转为培养"智慧者"。而本书致力于从信息化的视角，即使用新一代信息技术实现教学优质资源共享化、评价反馈即时化、交流互动多样化、资源推送智能化，进而支持学习个性化的有效展开，实现教育教学智慧化的角度展开研究。

"课堂"一词在《现代汉语词典（第 7 版）》中认为是进行教学活动时的教室，泛指进行各种教学活动的场所。钟启泉教授认为，理想的课堂原本应是互动的知性灵动的天地。杨庆余教授认为，课堂是一个学校教育中人际交互的主要空间，是一个由教师、学生、教材与环境四因素之间持续相互作用的基本有机生态系统单元。

对于智慧课堂，学者们关注利用新兴技术创建教与学的环境，促进资源个性化呈现、教学交互多元化、促进学习者学习能力和技能的提高。例如，早在 1998 年，国外学者罗纳德·雷西尼奥（Rescigno）提出，"Smart-Classroom"是在传统教室嵌入个人电脑、交互式光盘视频节目、闭路电视、VHS 程序、卫星链接、本地区域网络和电话调制解调器的教室。查尔斯·斯基顿（Skiption）认为，智慧课堂是电子或技术增强的教室。

美国《纽约每日论坛》报指出，未来课堂采用创新的教育活动，从课堂管理到教学各方面使用先进技术，使教学者和学习者融入学习环境。东北师范大学钟绍春教授提出，智慧课堂应以主动、轻松愉快、高质高效和提升学生智慧为根本目标。庞敬文等认为，智慧课堂应在新技术环境下，利用创新变革的教学模型构建轻松、愉快、个性化、数字化的新型课堂培养学生智慧能力。孙曙辉等认为，智慧课堂是指利用大数据、云计算、物联网等新一代信息技术打造的智能、高效的课堂。

笔者认为，现阶段智慧课堂是指通过云计算拓展教育资源与教育服务的共享性，以移动互联网增强教育网络与多种终端的连通性为基础，结合大数据科学与学习分析技术的、面向信息化的、智能化教育教学信息系统的新型学习环境；是以使优质资源共享化、评价反馈即时化、交流互动多样化、信息资源推送智能化、学习个性化、教学定制化和管理数据化为主要特征的新型学习形态。

二、学习模式

《现代汉语词典（第 7 版）》中对"模式"一词的通俗解释是：某种事务的标准形式或使人可以照着做的标准样式。在教育领域，对"模式"的解释是：对某一过程或某一系统的简化与缩微式表征，以帮助人们能够形象把握某些难以直接观察或过于抽象复杂的事物。网络上对学习模式的定义是：假定能够使个人达到最佳学习状态的方法。国内学者一般认为，学习模式是在教育理论、学习理论等相关理论的指导下，为了实现特定教学目标而建立的相对稳定的学习活动过程的结构形式。

本书介绍的学习模式是指依据教学系统设计理论、智慧学习理论、学习活动理论、情境认知理论、混合学习理论和国内外研究中对构建智慧课堂学习模式要素的启示，在智慧课堂环境下，以学习者为中心，优化个性化学习过程，提升学习效果的方法和程序。

三、学习策略

通过对国内外文献的分析，可以将学习策略归纳为以下四种：（1）把学习策略看成是具体的学习方法或技能；（2）把学习策略看作是学习的程序与步骤；（3）把学习策略看作是学生的学习过程；（4）把学习策略看作是学习方法调节和控制技能的有机统一。凡是有助于提高学习质量和效率的程序、规则、方法、技巧及调控方式均属于策略范畴；学习策略既有内隐、外显之分，又有水平层次区别；学习策略是会不会学习的标志，是衡量个体能力的重要尺度及制约因素。一般认为，学习策略是指学习者在活动中有效的程序、规则方法技巧，以及调控方式的集合，既具有内隐的规则系统，也可有外显的操作程序与步骤。

四、智慧课堂学习模式与策略

本书中智慧课堂学习模式与策略，主要是指以科学教育理论为支撑，在引入了新一代信息技术的教学活动环境中，利用面向学习者的智能化、个性化和多元化的学习服务，进行自主化、个性化、协作互动和深度投入的高效学习结构模式及支撑其具体实施方式的集合。

第三节　本书的研究目的与内容

一、研究目的

本书意在解决智慧课堂与学习过程的双向融合问题，建构出有效的学习模式与学习策略，引导智慧课堂在教育教学中的应用向可持续方向良性发展。本研究的子目标包括：（1）明确智慧课堂内涵；（2）分析智慧课堂学习系统；（3）构建智慧课堂学习模式和策略；（4）检验智慧课堂学习模式和策略在学习过程中的应用效果。

二、研究假设

本书在梳理国内外智慧课堂学习模式和策略研究现状的基础上，以教学系统设计理论、混合学习理论、智慧学习理论、联通主义理论、发展心理学理论、学习活动理论和游戏化学习理论为指导，设计的智慧课堂学习模式和策略，能够提升学生个性化学习兴趣，优化学生个性化学习过程，提高学生学习质量，提升学生学习能力。

三、研究内容

本书在梳理国内外研究现状的基础上，以科学的教育教学理论为指导，运用文献研究、内容分析、个案研究和试验研究等方法，分析智慧课堂学习系统，对智慧课堂学习系统进行功能设计，建构智慧课堂学习模式与策略。以深圳市荔园外国语小学学生、广州市云山小学学生、广州市七中学生在智慧课堂学习系统环境下，分别学习 English reading（英语阅读）课程、数学课程及语文课程的学习内容为案例，开展单组试验，进行前测和后测，应用智慧课堂学习系统智能统计分析、问卷调查、观察、访谈、双向量表、X^2 检验和 t 检验等方法来研究智慧课堂学习模式和策略的应用效果。

第四节　本书的研究过程与方法

一、研究过程与思路

（一）研究对象

本书以基础教育阶段在智慧课堂环境下学习的学生为研究对象。

（二）研究总体框架

本书研究的总体框架具体如图 1.8 所示。

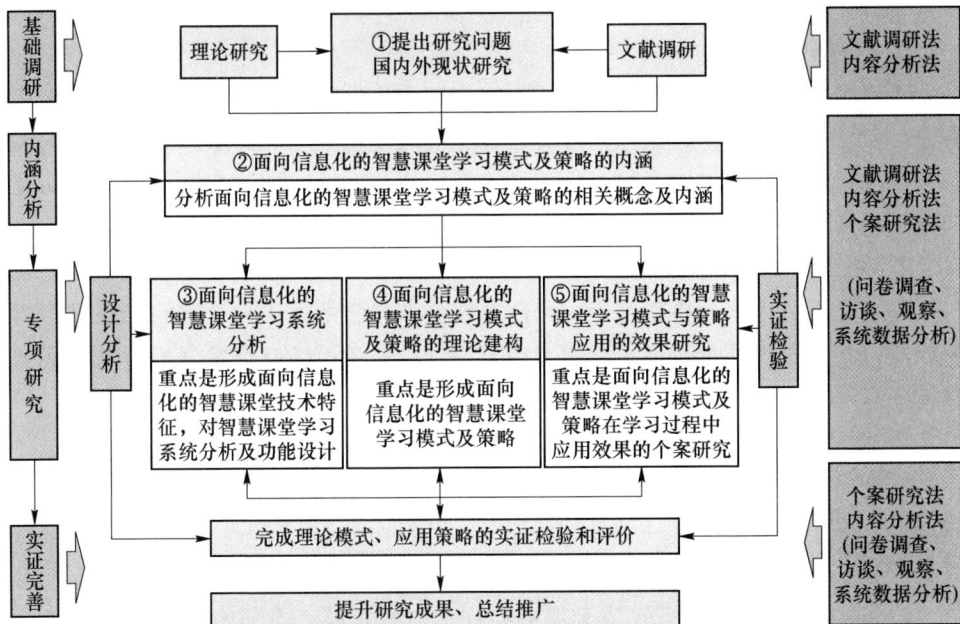

图 1.8　研究总体框架图

（三）基本思路

本书以智慧学习理论、教学设计理论、混合学习理论、发展心理学理论、学习活动理论和游戏化学习理论等为指导，以智慧课堂系统为技术支撑，依据"基础调研—内涵分析—模式构建—策略形成—实践应用—检验评价—总结完善"的主线，在分析智慧课堂的学习内涵的基础上，明确"应用模式构建—应用策略形成—形成实证评价"三项专项内容，融合技术支撑、理论基础、学习需求、效果评价等多重因素，强化实证过程并循环改进，逐步深入开展理论与实证研究，直至总结完善，达成研究目标。

二、研究方法

（一）采用"设计分析—实证检验"方法建构学习模式与策略

本书采用设计分析和实证检验研究法，在"构建—应用—评价"的过程中设计智慧课堂学习模式与策略，确保模式与策略的实际意义和合理性；将构建模式与策略并重，不仅强调构建理论模式，同时关注应用的可行性，在不同试验对象中开展"应用—评价—检验"过程。

（二）注重研究方法的多元整合

本书综合运用教育学和系统科学研究的方法工具，将理论分析与实证研究相结合，量化研究与质性研究相配合，在各研究阶段利用文献研究、内容分析、个案研究等方法保证研究成果的可信度和有效性。

1. 文献研究法

本书使用文献研究法收集并阅读近年来国内外期刊、著作及网络资源中关于智慧课堂学习相关文献，重点关注智慧课堂环境下的学习、智慧课堂学习模式与策略方面的研究。通过对文献进行梳理，提出研究问题、理论支撑及基本的研究思路。

2. 内容分析法

本书分别将内容分析法用于对国内外智慧课堂学习模式与策略的研究进行内容归类，包括国内外学习理论、学习环境设计、教学设计及个案分析，为形成智慧课堂学习模式与策略提供依据。

3. 个案研究法

实证研究（Empirical Study）通常通过两种方式进行，一种是个案研究（Case Study）的形式，另一种是试验研究（Experimental Study）的形式。个案研究是对某一场域（Setting）、对象（Subject）、文档资料（Documents）或特定事件（Particular Event）进行细致无遗的检视的研究策略。本研究采用个案研究法对研究提出的智慧课堂学习模式与策略进行效果验证。

三、资料搜集方法

（一）访谈法

访谈法（Interview）是研究者通过向一个或多个研究对象提出一般性的、开放式的问题，并且记录他们回答的定性研究方法。它通常包括对访谈对象的经历、看法、意见、感觉、知识等方面的开放式问答和深度探索。本书利用访谈法了解在智慧课堂环境下指导学习的教师及参与智慧课堂学习的学生对研究提出的学习模式与策略的态度。

（二）观察法

观察法是研究主体获得感性经验和事实的根本途径，也是检验和发展假说的实践基础。本书通过观察法了解采用智慧课堂学习模式和策略进行学习的学生及其教师的表现，对学习效果进行进一步验证。

（三）问卷调查法

问卷调查法（Questionnaire）是一种书面调查方法。调查者将调查内容项目编制成题目，当面分发、有组织地转发或邮寄给调查对象，请调查对象作答，然后收回整理分析。问卷调查法是最常用的收集定量数据的方法之一。本书主要采用结构化问卷调查的方法，对参与智慧课堂学习的学生进行问卷调查，了解学生的能力水平及对学习的态度。

（四）数据分析

综合运用智慧课堂中的大数据与学习分析等先进技术，采集学生在学习过程中产生的行为数据，进行学习行为数据分析。本书利用智慧课堂系统中收集分析的学生学习行为数据结合学生内省的问卷调查分析，了解学生在新的学习模式与学习策略下的学习效果。

第二章 理 论 基 础

第一节 教学系统设计理论

教学系统设计是依据对学习需求的分析，提出解决问题的最佳方案，使教学效果达到优化的系统决策过程。

教学系统设计理论是关于如何规定、设计教学活动的理论，它是一套用来决定在一定的教学条件下，为了使学习者达到特定的教学目标，应该采取什么样的教学策略与教学方法的系统化的知识体系。

具有代表性的教学系统设计理论有加涅的学习与记忆的信息加工模型、瑞格卢斯的教学系统设计理论、梅瑞尔的 ID2 和 ITT、史密斯和雷根的教学系统设计理论，以及国内学者何克抗教授、余胜泉教授提出的教学设计模式等。

一、国外学者提出的教学系统设计理论

（一）加涅的学习与记忆的信息加工模型

美国著名教育心理学家罗伯特·加涅的教学系统设计理论的核心思想为"为学习设计教学"。该思想遵从学习者认知发展过程，认为学习是学生内部加工的过程，主张根据不同的学习类型（认知、态度、心理动作等）来实施不同的教学策略。加涅的学习与记忆的信息加工模型如图 2.1 所示。

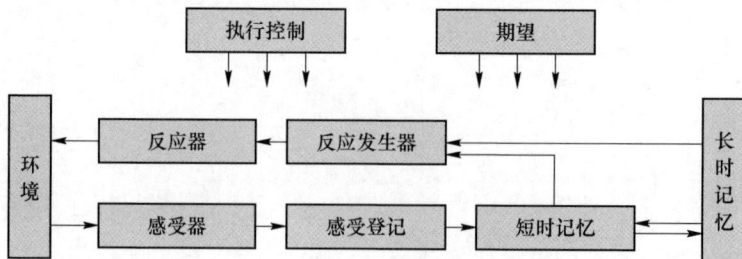

图 2.1 学习与记忆的信息加工模型

（二）瑞格卢斯的教学系统设计理论

美国教育技术学家瑞格卢斯（Reigelith）认为，教学系统设计理论强调知识

的整体认知性，兼顾学科的逻辑体系和学生的心理顺序，是一种可操作性的指导理论。

（三）梅瑞尔的 ID2 和 ITT

美国教学设计专家梅瑞尔将教学设计界定为建立在教学科学这一坚实基础上的技术。"第二代教学系统设计（ID2）"的基本思想是：教学处理就是解决教学问题的步骤，是使学习者获得某类知识技能的交互作用模式。此理念对于本书从系统论角度分析智慧课堂学习模式提供了理论依据，使模式研究兼顾了学习整体过程和学习环境的设计。教学事务处理论（ITT）关注教学过程中教师、学生、内容及环境之间的交互作用，也就是教学事务（Transactions）。ITT 探讨了教学如何作为一系列事务发生，每个事务都是一个包含目标、信息、反馈和评估的完整单元，旨在理解并优化这些事务以促进有效学习。

（四）史密斯和雷根的教学系统设计理论

史密斯和雷根认为，学习结果包括陈述性知识、概念、规则、问题解决、认知策略、态度和心因动作技能。他们提出如下理论。

（1）教学过程一般包括：导入阶段、主体部分、结论部分和评定阶段。这4 个教学事件又包括 15 个教学子事件，不同的学习结果有相应的教学策略。

（2）在训练情境中一般包括：引起注意、提高动机、给出课程的概要、解释和详细说明知识、学习者在监督下练习、评价、总结、鼓励、结束等若干教学事件。

二、国内学者提出的教学系统设计理论

何克抗等将教学设计定义为：为了促进学习运用系统方法，将学习理论与教学理论的原理转化成对教学目标、教学内容、教学方法、教学策略和教学评价等环节进行具体计划，创设教与学的系统"过程"或"程序"。

在教学设计过程一般模式的基础上，结合建构主义学习理论，何克抗教授提出了以学为中心的教学设计模型，明确了以学为主的教学设计的方法和步骤。李克东教授提出了基于"学"的教学设计操作模型，如图 2.2 所示。

余胜泉等提出了基于建构主义的教学设计模式，该模式首先以问题（或项目、案例、分歧）为核心，建立学习"定向点"，然后围绕这个"定向点"，通过设计"学习情景""学习资源""学习策略""认知工具""管理和帮助"而展开。教学评价也是设计过程的重要环节。

三、教学系统设计理论对本书的启示

（一）智慧课堂学习过程的设计

教学系统设计理论中以"学"为中心的教学设计理论认为学习过程以学生

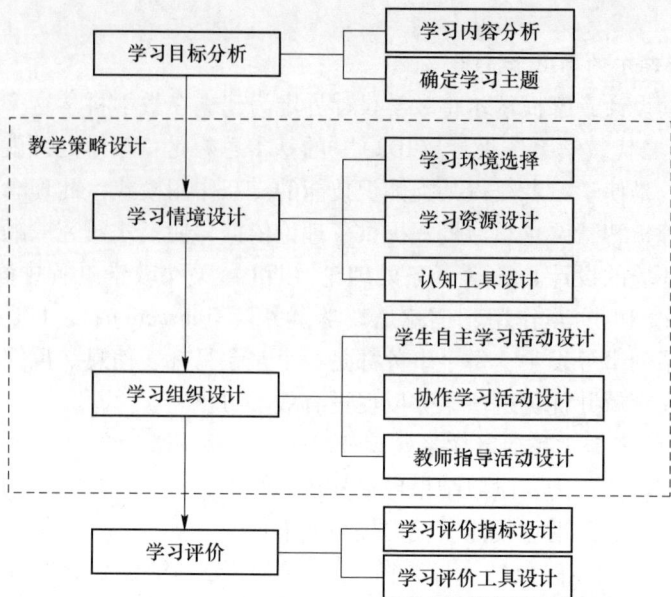

图 2.2　基于"学"的教学设计操作模型

为中心，最终目的是完成意义建构。该理论强调"情境"对意义建构的重要作用；"协作学习"对意义建构的关键作用；利用各种信息资源来支持"学"。在智慧课堂环境下的学习过程中，学生的主体地位应该得到更全面地体现。因此，应加强教师引导，并结合自主学习、协作学习、探究学习和情景感知学习等不同的学习过程进行教学设计。

（二）智慧课堂学习资源的设计

教学系统设计理论指出：为了支持学习者，在学习过程中要为学习者提供各种信息资源，包括教学媒体和教学资料。充分的、合理的学习资源能促进学习者认知，提高学生的思维能力。因此，当设计智慧课堂环境下的学习模式与策略时，要根据教学设计理论设计有针对性的学习资源。

（三）智慧课堂学习环境的设计

教学系统设计理论中强调对学习者特征分析，并根据学习者的需要以学习者为中心进行教学。要在学习过程中充分发挥学生的主动性；要让学生在不同的情境中应用所学；要让学生能根据反馈信息形成对事物的认知并能提出解决问题的方法。智慧课堂学习环境中的支撑技术能极大地便利学习过程并促进深度学习。因此，当设计智慧课堂学习模式与策略时，要根据教学设计理论充分发挥智慧课堂学习环境中的技术，为学习者的个性化学习提供引导。

第二节 混合学习理论

一、理论要点

巴德鲁尔·卡恩（Badrul H. Khan）提出混合学习八角框架（见图2.3）。美国 NavoWave 网络学习设计和绩效培训公司的创始人哈维·辛格（Harvey Singh）认为，八角框架适合于设计教学计划、教学开发、传递讯息、教学管理和评价等混合学习方案。

八角框架为本书提供了一种从宏观角度审视混合学习实施条件的视角，也为梳理混合学习活动系统的外延提供了依据。

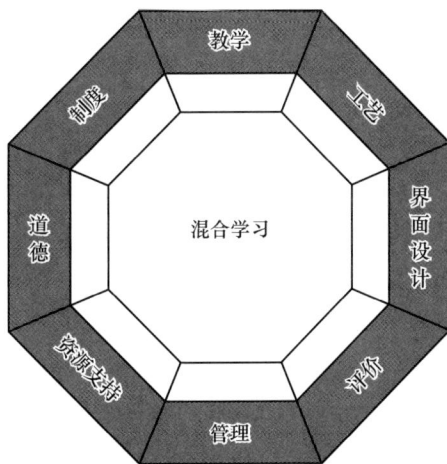

德国学者克劳迪娅·维普克

图2.3 混合学习八角框架

（Claudia Wiepcke）设计出混合学习的理论、媒体、方式罗盘，如图2.4所示。

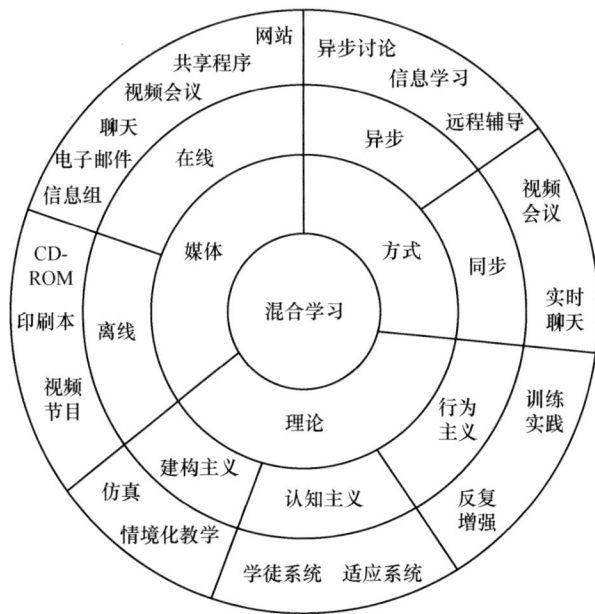

图2.4 混合学习的理论、媒体、方式罗盘

徐福荫指出，教师的教是为了学生的学。此外，教学更重要的是"寓教于动"，即教学要互动。这些观点为本书在建构智慧课堂学习模式时强调协作互动提供了重要的依据。

詹泽慧将课堂教学活动分为讨论、竞赛、展示、探索、评价五个范畴，并从宏观、中观、微观三个层面建构了混合学习活动系统设计策略，其中，中观层面针对课程或班级在课堂和在线两类环境下的结合，旨在让课堂学习活动与在线学习活动的优势互补。此研究关于课堂活动的设计策略及课堂学习活动的协同策略为本书提供了参考。

二、混合学习理论对本书的启示

总的来说，混合学习理论强调的是通过"混合"而带来的最优化的学习绩效和最佳教学质量。混合学习比传统面授学习和完全在线学习具有更深的层次，它将环境、资源、学生、教师与学习理论相互联系整合。其在实际应用中根据学生成绩来评价教学效果，对智慧学习环境与教育教学整合的研究产生影响。

混合学习理论在建构智慧课堂学习模式时，尝试将普通课堂教学与智慧课堂学习环境有机结合，并将"混合学习八要素"及"强调在活动中学习""基于问题学习""重视资源获取""更新和整合能力的培养"作为建构智慧课堂环境下学习模式与策略的依据。

第三节　智慧学习理论

一、理论要点

周桂成认为，智慧学习是一种学生自我指导的以人为本的学习方式，它通过智慧信息技术与学习活动的整合让学生容易获取资源信息，以支持学生之间或者师生之间的有效交互，同时还需要设计自我指导的学习环境。

祝智庭等认为，智慧学习旨在通过恰当地利用技术促进智慧学习在学习者身上有效地发生。

智慧学习需要以智慧教学法为催化促导。普林斯基（Prensky）认为，"我们的学生已经从根本上发生改变，我们设计的教学系统已经不再适合如今的教育对象。"并建议从方法论（Methodology）和内容（Content）两方面入手改革现有的教学系统。

黄荣怀等认为，智慧学习环境的构成要素包括学习资源、智能工具、学习社群、教学社群、学习方式、教学方式六个组成部分，如图2.5所示。

同时，他们还认为，智慧学习环境的技术特征主要体现在记录过程、识别情

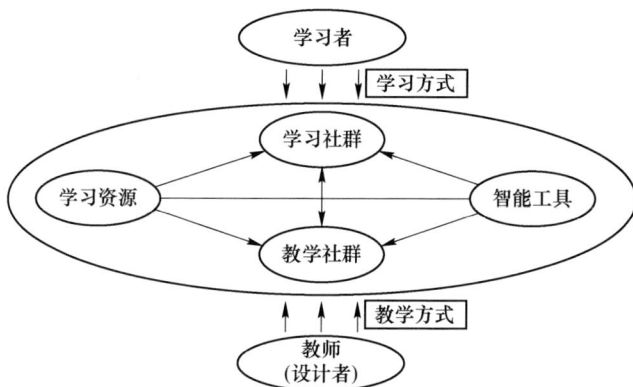

图 2.5　智慧学习环境的系统模型

景、连接社群、感知环境四个方面，其目的是促进学习者轻松、投入和有效地学习（见图 2.6）。

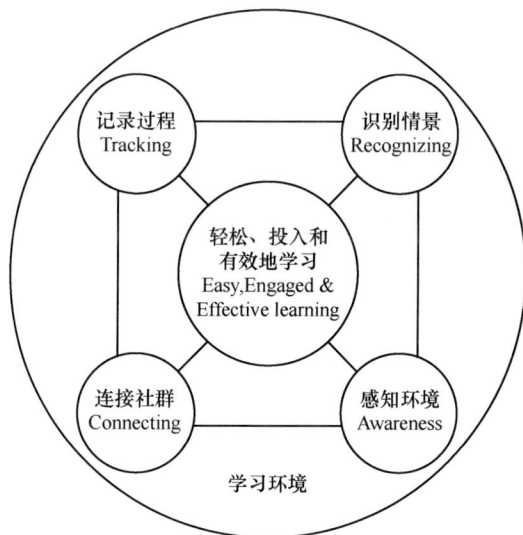

图 2.6　智慧学习环境功能模型

　　此研究对于本书明确智慧课堂学习支撑技术、分析智慧课堂学习支撑技术与智慧学习之间的关系和促进支撑智慧课堂学习的技术改进具有重要的借鉴意义。

二、智慧学习理论对本书的启示

　　智慧学习是恰当运用智慧技术，以人为本，注重个性化，培养学生智慧学习能力的教育。"教育要为学习者的智慧发展服务"是智慧学习的又一内涵，它主张以学习者为中心，为学生的全面发展服务。智慧课堂学习过程需要做到以下几方面。

（1）根据学习者和学科特征，借助智慧课堂支撑技术为学生创建有一定智能的和个性化的学习环境，提供一切可能诱发兴趣的条件，使学生提高兴奋度，唤起对学习、对知识的渴望。

（2）借助各种智慧设备快速、精准的特点，帮助学生处理日常学习中大量简单重复的、机械的任务，引导学生将更多的精力投入更需智慧的、更有价值的任务中去，着重培养学生分析问题的能力、综合运用知识的能力、互动协作的能力、评价反思的能力以及创造性解决问题的能力。

（3）在构建模式与策略时要"以学生为中心"，根据学生的学习需求和学习情况来开展设计与开展教学，减轻学生学习负担、提高学生学习成效，不简单以书本知识为上，重视实践能力发展的教育，体现个性化学习和因材施教。

第四节　联通主义理论

一、理论要点

联通主义这个概念，最早是西门子（Siemens）在 *Connectivism：A Learning Theory for the Digital Age* 一文中提到，他指出，知识存在于知识网络当中，通过各个节点的形成和变化，以及各节点之间的连接增减变化完成知识的储备和变化过程。学习不再是一个人的活动，而是连接核心节点和信息源的过程。

联通主义理论指导下的学习包括一些基本原则：知识需要通过多种学习方式来呈现全貌；学习和知晓是一个恒定、持续的过程；学习要保持知识的时代性；学习决策本身也是一种学习；要在领域、概念和观点之间发现连通、识别模式并生成意义。

二、联通主义理论对本书的启示

联通主义理论对本书的启示主要体现在以下几个方面。

（1）关注整个学习模式与策略体系的系统性，整体与局部相结合，保证模式和策略的有效性。

（2）知识具有强烈的流动性，持续的更新是知识的最主要特征，学习能力比学习内容更重要，学习的过程也是创造的过程。引导学生关注知识点的外部结构和内在联系，养成时刻更新知识的习惯，注重培养学生主动创造知识的能力。

（3）个体与个体之间，个体与环境之间，个体与知识之间均存在着相互作用的关系。强调学习不仅仅是个人知识内化的过程，认识到协作学习在教育教学过程中的重要性。要为学习者提供机会去连通他人观点，提供丰富的工具和信息来源，使用泛在开放协作平台，帮助他们创建学习途径、促进交互等。

第五节　发展心理学理论

一、理论要点

发展心理学中青少年期具体是指 11 岁、12 岁至 17 岁、18 岁阶段。美国著名心理学家霍尔曾经说过，青少年时期是一个"暴风骤雨"的时期。从青少年智力发展情况来看，其中突出表现是思维的抽象性水平提高很快。他们可以在头脑中设想许多可能性，尽管这些可能与其自身的经验相去甚远。这些思维一方面大大拓展了他们的视野，另一方面可以使他们产生更具逻辑性的认知策略，提高解决问题的准确性和有效性。青少年主动的、有意的逻辑思维不断发展，抽象逻辑思维逐渐占优势，智力的深刻性越来越明显。这一时期也是元认知发展变化较大的时期。

龚维义等认为，青少年的学习动机是比较复杂的，常常是几种动机交织在一起的，但是在一段时间内，总有一种动机起主导作用，其他动机起辅助作用或干扰作用。有研究表明，高中阶段青少年的成就动机已经有了较大的发展，呈现出以自我取向为主的特点。

西蒙斯（Simmons）和布莱斯（Blyth）的研究认为，青少年阶段一般具有以下特点：希望有自己做决定的机会，但又需要成年人心理上的支持和友伴的接纳和认可，重视同学的评价，自我关注和自我意识觉醒，存在独立性和身份感方面的问题，对异性同伴的关注度提高，抽象思维能力和认知活动得到发展等。

青少年阶段的人格正处于变化和形成时期，具有复合性、相对不稳定性和差异性等特点。

二、发展心理学理论对本书的启示

本书中个案对象为基础教育阶段学生，以青少年为主体。因此，要从发展心理学中青少年的智力发展水平、学习动机和人格特征三方面着手，努力从青少年高速发展的、主动的、抽象的逻辑思维能力出发，从他们自我取向为主的成就动机特点出发，从他们需要友伴关系和重视他人评价的特征出发，合理设计智慧课堂学习模式与策略。在学习过程中启发他们思考，鼓励他们主动去适应、探索智慧课堂个性化、多元化的学习方式，提高自主学习能力、协作学习能力、交流互动能力、创新创造能力和评价能力等。

第六节　学习活动理论

一、理论要点

学习活动理论是指以"活动"为逻辑起点和中心范畴来研究和解释人的心理发生发展问题的理论。活动一般包含三个核心成分：主体、客体和共同体，三个次要成分：工具、规则和分工，次要成分又构成了核心成分之间的联系。它们之间的关系如图2.7所示。

维果茨基的学习活动理论认为，人的心理活动是在人的活动中发展起来的，是在人与人之间相互交往的过程中发展起来的。

学习活动是指学习者与学习环境的相互作用。学习活动包含了学习者的外显行为表现和内隐行为变化，暗含了学习活动与学习环境的内在紧密联系。学习活动设计的任务主要是对学习活动中各个要素及要素之间的关系进行科学合理的编排。

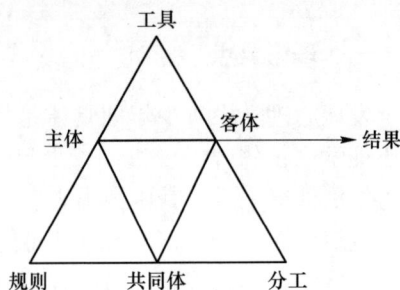

图 2.7　活动核心成分关系图

二、学习活动理论对本书的启示

学习活动理论的活动核心成分的分解及关系的构建对智慧课堂学习模式与策略的架构形成具有借鉴意义。在智慧课堂学习活动中，主体是指广义学习者，即在各种环境下，不仅仅局限于传统教育环境，凡是通过经验获取、知识掌握、技能发展或态度形成等活动参与学习过程的个体；客体是指学习的对象，即在学习过程中被关注、研究、理解、掌握或操作的一切事物、信息、技能、概念、原理及经验等；共同体是指与学习者共同完成学习过程的学习伙伴和教师等；工具是指学习过程中使用的智慧学习支撑技术；规则是指能够协调主体与客体的，智慧课堂中学习活动的一种约定；分工是指智慧课堂学习活动过程中不同参与者在学习过程中的任务分工。

第七节　游戏化学习理论

一、理论要点

游戏化学习理论是将教育游戏融入课程教学活动，让学生在轻松愉悦的学习体验中获得知识和技能，并培养学生正确学习态度的过程。简而言之，游戏化学习就是游戏化在教育领域的应用。学习一般由学习者基于内在的愿望和动机主动去探索和发现事物的意义。游戏化学习理论认为，在研究人的行为时不仅要考虑行为内在的、固有的决定因素，还要考虑行为外在的、环境的决定因素。在研究人的行为时，也要研究人的情感、欲望、要求和理想，要促进学习者的学习必须激发其内在学习动机。游戏的自愿特征使学生在游戏化学习时容易在一定程度上形成主动学习。

好奇心是人们对新奇事物偏好、探究的一种心理倾向，是人们进行学习的内在动力之一。游戏的未知性容易满足学生的好奇心。游戏的结果都是未知的，这种不可预知性可以充分激发学生的学习兴趣。

学习兴趣推动学生带有情感意向去学习新的知识，游戏的趣味性和探究性体验可以激发学生学习的兴趣，产生强烈的求知欲。

游戏的挑战性有助于学生克服学习的惰性，产生强烈的战胜或者征服的欲望，游戏化学习可以运用富有挑战性的游戏来激发学习者内在的学习动力。

北京大学尚俊杰教授以 10 种具有较强国际影响力，持续关注教育游戏研究的英文期刊为样本，调研了 2008—2012 年研究者开展的教育游戏实证研究。研究数据表明，游戏化学习支持情境学习，激发学生学习内部动机，其中挑战和竞争是激发学生学习动机的两个关键要素。

二、游戏化学习理论对本书的启示

游戏化学习理论对智慧课堂学习模式构建具有借鉴意义。在智慧课堂学习活动中，可积极运用智慧课堂学习系统的游戏练习进阶功能，采用游戏化的学习活动设置，使学生在轻松愉悦的环境下，接受挑战和竞争，激发学习兴趣，完成学习内容。游戏化的学习活动为学生提供了非良好结构的问题情境（即没有明确解决方案路径、目标不甚清晰、问题界定模糊，且相关信息不完整或过度复杂的问题情况。在非良好结构问题情境中，学习者往往需要自己界定问题、收集信息、评估各种可能的解决方案，并不断调整策略）和开放性的探索空间，有助于培养学生学习的主动性、创造性和协作性。

第三章 智慧课堂学习系统分析

本书基于国内外学者对智慧课堂支撑学习技术的研究，通过了解配备了智慧课堂学习系统环境的试验学校及其使用的智慧课堂学习系统，分析得到智慧课堂学习系统的环境和技术特征、应用原则、应用目标，以及本书应用的智慧课堂学习系统的架构及功能分析。

第一节 智慧课堂学习系统环境及技术特征分析

一、智慧课堂学习系统环境分析

现阶段智慧课堂学习系统环境当中除基础设施系统和智能录播系统外，一般还配备有以下设备。

（1）智慧课堂服务器。参考配置：2 个四核 CPU，4 TB 硬盘，24 GB 内存。

（2）无线路由控制器（AC），完成对无线信号发射器（AP）的管理和控制。参考配置：室内普通型 100 m WAP-双频四模 a/b/g/n，满足 2.4 GHz 和 5 GHz 工作频段，最大带宽达到 600 Mbps；提供 24 个千兆端口，其中 10 个端口供两个教室使用（每个教室配置 5 个），其余供教师办公室使用或作为以后扩容备用。

（3）无线信号发射器（AP）（见图 3.1）。参考配置：室内普通型 100 m WAP-双频四模 a/b/g/n，满足 2.4 GHz 和 5 GHz 工作频段，最大带宽达到 600 Mbps，满足学校班级内高密度无线设备需要，支持无缝漫游。

图 3.1 智慧课堂配置的无线信号发射器

智慧课堂终端一体机如图 3.2 所示，支持平板电脑充电，易于维护，支持内容同步、更新和存储等功能。图 3.3 所示为配备电子白板的智慧课堂。

图 3.2 智慧课堂终端一体机

图 3.3 配备电子白板的智慧课堂

在课堂上，师生使用平板电脑或笔记本电脑两类智慧移动终端。平板电脑和笔记本电脑主要有屏幕大小不同、是否为可触控屏幕和便携程度不同等区别。当前各地教育部门试点的智慧课堂试验学校一般为学生和教师配备平板电脑（见图 3.4）作为智慧移动终端。平板电脑的参考配置为，屏幕：多点式电容式触摸屏；操作系统：Android 3.2 版本以上；处理器：双核 1 GHz 以上；系统内存：1 GB 以上；存储容量：16 GB 以上；摄像头：后置摄像头（最好也有前置摄像头）；屏幕分辨率：1920×1200、1280×800 或 1024×768；电池续航时间：持续工作 6 小时以上；Wi-Fi 功能：支持 802.11a/b/g/n 无线协议；无物理按键；视频播放质量为 720 p 以上。

此外，在大部分的智慧课堂学习系统环境中还配备有：摄像头、幻灯机、投影仪、音响设备、麦克风、电子白板、台式一体机等终端设备，部分学校还配备

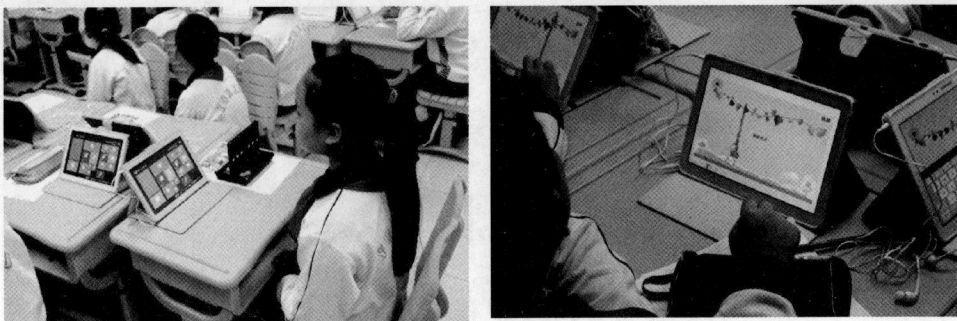

图 3.4   学生使用的智慧移动终端

有：可穿戴设备、3D 打印机和虚拟现实设备等可扩展设备。智慧课堂学习系统使用的操作系统主要有三类：Android 操作系统、iOS 操作系统和 Windows 操作系统。一般在云计算中心的基础之上设置有：教师空间、学生空间、智能学习分析平台、资源管理平台、交流讨论平台和即时反馈评价平台等功能平台。每位教师和学生均可通过智慧移动终端使用专属账户进入智慧课堂学习系统开展学习活动。本书综合以上分析，构建智慧课堂学习系统环境如图 3.5 所示。

二、智慧课堂学习系统技术特征分析

本书结合美国国家技术标准研究院（NIST）给出的智能空间服务标准、智慧课堂的技术环境，结合国内外学者对智慧课堂的技术特征分析，通过了解智慧课堂在各试验学校的应用实践，综合在智慧课堂中授课教师的访谈，归纳出现阶段智慧课堂学习系统主要应用了"资源分层共享""实时内容推送""学习情景采集""智能学习分析""即时反馈评价""协作互动交流"和"移动通信互联"等技术促进学习方式方法变革。

（一）资源分层共享

在智慧课堂中，教师可根据教学目的和对象对资源分层分类，师生上传及获取各类资源便利，不受时空限制；多种媒体资源有效融合，给学习者带来丰富的视听体验；系统对课堂生成性资源自动捕获、关联存储，实现资源的自适应性和个性化分配。

（二）实时内容推送

智慧课堂可以针对学生学习需求，通过分组或单独的形式主动、实时、个性化地向学生推送学习内容，将知识内容与学习需求紧密结合，将学习环境与学习时间关联，实现分布式资源的灵活共享、多维扩展和有效重用。学生无需关心推送功能的细节，而是将注意力集中在讨论和信息理解的过程中，增强学生对环境的适应性和个性化学习体验，沉浸感强烈。

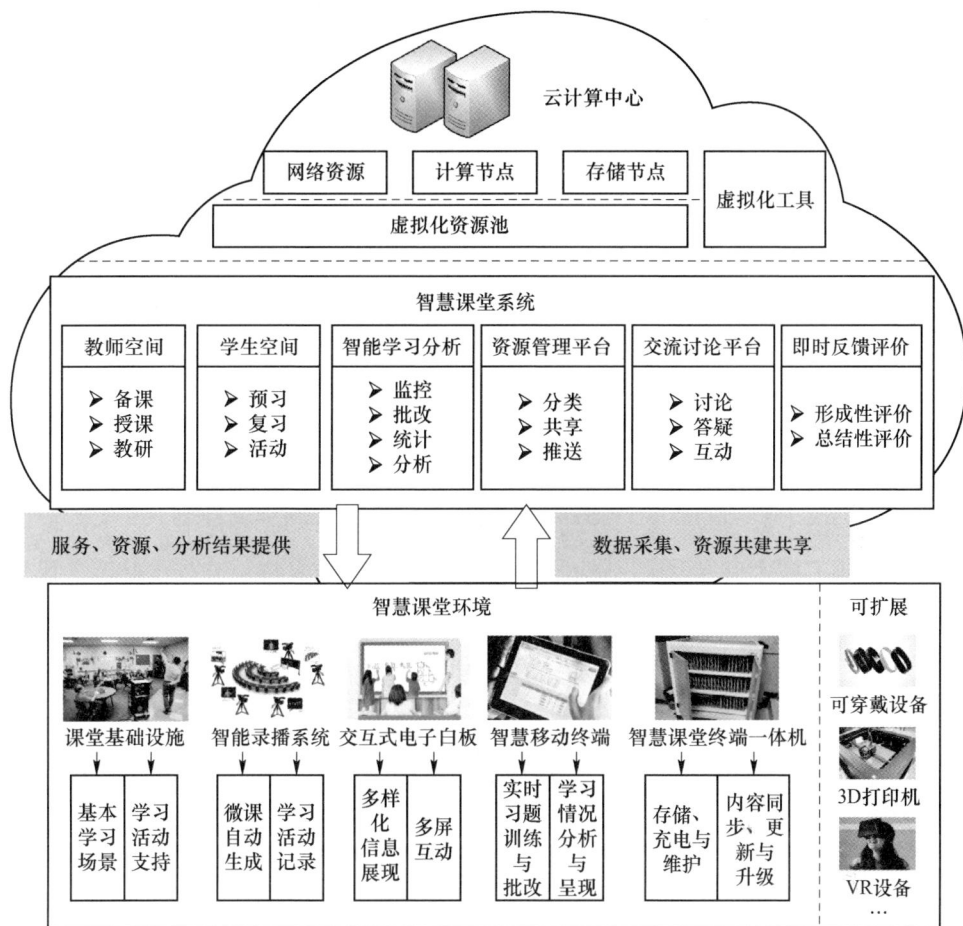

图 3.5 智慧课堂学习系统环境图

（三）学习情景采集

在智慧课堂中，教师可以采集学生的学习偏好、认知特征和学习风格等个体特征数据；采集学生的认知水平、情感状态和注意力状态等学习状态数据，诊断每个学生可能存在的问题和需求，支持学生的自适应学习和全过程学习。

（四）智能学习分析

依托聚类、数据挖掘、机器学习等技术，综合管理学生学习过程中产生的数据，记录教师和学生课堂活动、练习成绩及网络联结等全过程，进行综合计算、比对、诊断，实现面向课堂学习全过程的大数据跟踪、分析，辅助教学决策。

（五）即时反馈评价

通过高效实时的双向交流，实现系统可视化反馈和师生间的即时评价，让学生实时了解自己当前的学习情况，及时调整学习状态，激发学习热情，也让教师了解学生状况，及时给予引导并调整教学内容。

（六）协作互动交流

通过使用智慧终端设备，如平板电脑、笔记本电脑和电子白板，以及软件交流平台，如短信、微信、信息论坛、Powerboard 等，动态实现交流时间、地点、对象和形式的多样化，如实现一对多或一对一的多维度、多因素分组协作学习，以增强学习互动性。

（七）移动通信互联

基于移动网络通信技术，智慧课堂终端轻便小巧、便于携带，其适配的学习系统为学习者提供多种实时的沟通服务，信息发送后可迅速传递，使师生间、学生间课前、课后分布式学习实时连通。

智慧课堂技术特征实现与智慧课堂技术环境的支撑分不开。智慧课堂技术环境是智慧课堂技术特征实现的技术基础，为形成开放、高效的新型学习模式提供了可能。同时，新型智慧学习在适应技术特征的演变、发展过程中，也会根据现实需求对现有技术形成需求反馈，支持智慧课堂中的技术特征进一步变革。智慧课堂的技术环境、特征与智慧学习的技术要求相互影响、相互作用，循环发展，满足了各层次教育的需要。智慧课堂学习系统技术特征如图 3.6 所示。

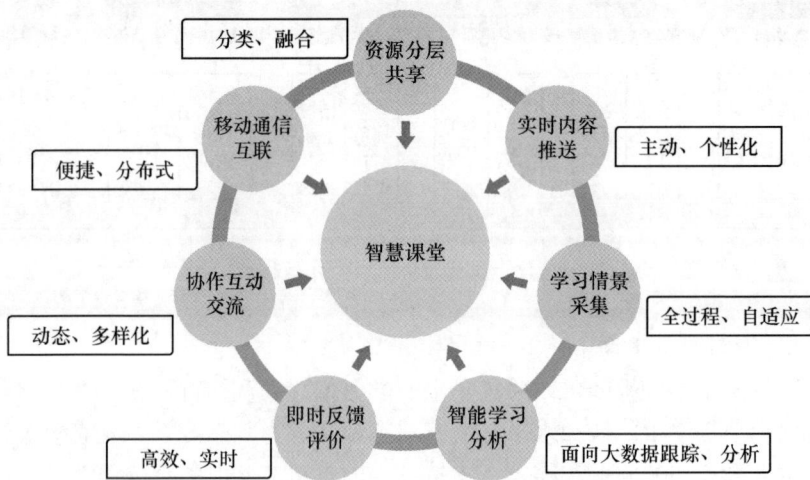

图 3.6　智慧课堂学习系统技术特征

第二节　智慧课堂学习系统应用原则及目标分析

本书通过分析国内外智慧课堂发展现状，结合支撑智慧课堂学习的技术环境及特征，综合现阶段各学校运用的智慧课堂系统功能，对智慧课堂学习系统的应用原则和目标进行了分析。

一、智慧课堂学习系统应用原则

（一）标准化

智慧课堂学习系统的设计及使用应遵循国家和地方相关标准和现行法律法规。服务器系统、网络系统、系统软件和应用软件的建设应遵循行业统一标准。

（二）教育性

智慧课堂学习系统的设计应遵循教学系统设计理论、智慧学习理论、学习活动理论和游戏化学习理论等相关理论，功能设计符合教学过程规律和学生认知规律，有效支撑教学全过程。

（三）前瞻性

智慧课堂学习系统应符合当今信息技术发展潮流，体现技术领先性和可持续发展性。

（四）可用性

智慧课堂学习系统必须具备高可用性。系统要求全天候 24 小时运行，当主系统发生故障时，系统能提供备用路径完成该项任务。各子系统和平台应当采用高可用性的群集技术和部署方案，要充分考虑系统数据备份与恢复的能力，以保证整个教育信息化平台的高可用性。用户界面风格要保持一致性，界面操作灵活、正确，界面表现真实、完整，界面用语描述保证正确性、规范性和一致性。

（五）扩展性

在系统与应用软件系统的建设进程中，用户群体会逐步增加，系统必须能够灵活地进行扩容。

系统业务流程自定义，实现应用逻辑与过程逻辑的分离，可以在不修改具体功能的情况下，通过修改过程模型来改变系统功能，完成对管理的部分过程或全部过程的集成管理。

（六）安全性

智慧课堂学习系统的安全性涉及信息的安全传输、安全存储及安全使用。系统的安全性应当纳入地区教育信息化整体安全体系的背景中考虑，应符合国家、省、市对信息系统安全等级规范的相关要求，进行系统的安全性设计。

（七）可管理性

系统的可管理性为统一平台与应用软件平台的安全、稳定、可靠运行提供基本保障。要逐步建立完整的系统管理规范、流程和监督机制，实现系统的全面可管理性。

二、智慧课堂学习系统应用目标

（一）覆盖课前、课中、课后学习全过程

智慧课堂学习系统需覆盖课前、课中、课后学习全过程。课前帮助学生预习、帮助教师备课和帮助管理者做目标设定；课中提供互动技术环境、帮助教师对教学进行分析；课后给学生提供课堂复习及多种学习体验渠道，激发学生学习兴趣、助力教师创造优质教学资源。

（二）海量教学内容及学习拓展资源整合与共享

智慧课堂学习系统需要提供大量优质的教育资源，具有合适、精准、优质、全面的特点，为学生和教师的教学活动提供有力的支撑。

（三）为智能化、个性化、多元化、协作互动和深度投入的学习提供支持

智慧课堂学习系统需要具备智能化表现、个性化表现、自适应性表现和可视化表现。通过技术手段减轻教师的备课、上课及课后批改作业等负担；通过多媒体教学等手段减轻学生学习负担，提升学习效果；提供个性化、多元化的深度学习体验，提高学生的协作互动能力和拓展创新能力；开放支持多种多样的终端，如平板电脑、个人电脑、智能手机等，兼容不同厂家的终端，提供灵活的终端方案选择。

第三节　智慧课堂学习系统架构及功能分析

依据智慧课堂学习系统环境和技术特征，智慧课堂学习系统应用原则和应用目标，综合多个中小学智慧课堂学习系统的实际情况，本书选取"AISchool（AI：Artificial Intelligence，人工智能）智慧课堂"学习系统作为个案研究使用的系统，此系统基本具备智慧课堂技术环境和特征，符合智慧课堂学习系统的应用原则和目标，系统功能在使用前结合本书的设计进行了完善。

一、智慧课堂学习系统架构分析

（一）智慧课堂学习系统环境架构

智慧课堂学习系统依托于试验学校技术先进的、可扩展的、高带宽覆盖全校班级及办公教室的无线网络设计和建设，将平板电脑、个人电脑、智能手机等终端设备连接起来，形成一个统一的高带宽计算机通信平台，满足数字教育业务需要。在楼层上部署千兆接入交换机，提供 48 千兆端口接入及面向接入点设备（Access Point，AP）设备的 POE 供电功能，简化班级及办公室无线网络覆盖布线复杂程度，减少设备故障点。在接入点设备上，室内普通型 100 m WAP-双频四模 a/b/g/n，满足 2.4 GHz 和 5 GHz 工作频段，最大带宽达到 600 Mbps，满足

学校班级内高密度无线设备需要。

　　智慧课堂学习系统配置智慧课堂引擎 1 台，智慧课堂引擎配备了先进的服务器、网络、管理等设备，由智慧课堂平台软件与硬件融合而成，提供单校智慧课堂所需的平台硬件，并安装有智慧课堂平台软件，内置了相应的内容资源（电子书、题库、微件库）。智慧课堂引擎外观尺寸为 1200 mm×1000 mm×600 mm，其外观图如图 3.7 所示。

图 3.7　智慧课堂引擎外观图

　　智慧课堂引擎配备接入交换机 1 台，提供 48 个千兆端口，其中 8 个端口供两个教室使用（每个教室配置 4 个），其余供教师办公室使用或作为以后扩容备用；配备核心交换机 1 台，原则上利用学校已有的核心交换机。

　　智慧课堂终端一体机主要用于教室里学生终端的统一管理、维护、存放、充电等功能。每台一体机可容纳 60 台平板电脑，一体机底座配备了 4 个万向轮，能方便地进行移动部署。每台一体机包含 50 个学生平板电脑和 3 个教师平板电脑，一体机还兼具有学生平板电脑的存放和充电功能，并且可以集成授课电脑的放置。建设无线网络环境，每班部署两台接入点设备。智慧课堂环境架构图如图 3.8 所示。

（二）智慧课堂学习系统技术架构

　　智慧课堂学习系统包含智慧课堂系统云平台、网络管道及应用终端 3 部分的技术架构。智慧课堂学习系统的拓扑架构模型如图 3.9 所示。

　　1. 系统云平台

　　智慧课堂学习系统云平台采用软硬件一体化部署，应用教育管理平台，统一管理、统一部署、统一监控、统一备份，实现资源共享。

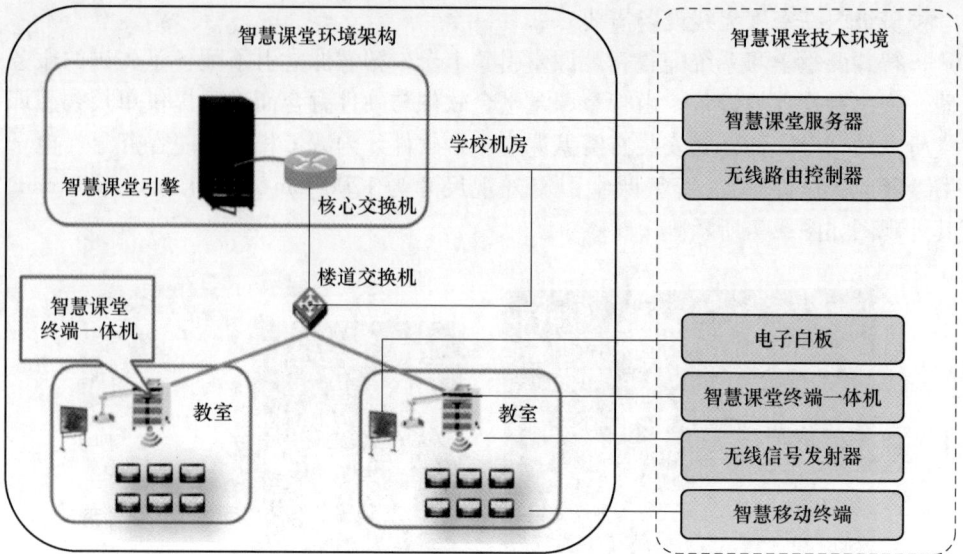

图 3.8　智慧课堂环境架构图

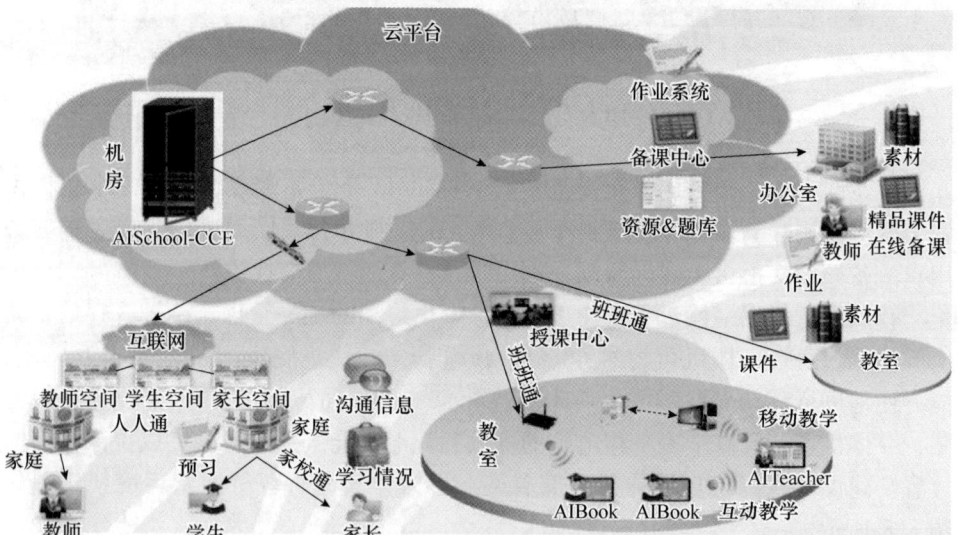

图 3.9　智慧课堂学习系统的拓扑架构模型

2. 网络管道

网络管道是整个智慧课堂学习系统架构的基础网络，构成端到端的互联互通。学习系统采用在试验学校现有网络基础上，充分利用现有设备，将试验学校的网络改造成满足学习系统架构需求的网络。

3. 应用终端

智慧课堂学习系统终端指能为学生、教师、家长和管理者提供平台接入服务并承载电子书包应用的设备，其具体种类包括个人电脑、平板电脑和智能手机等终端。综合考虑终端的便携性、实用性、用户体验性等方面的因素，本书选取的智慧课堂系统架构采用 Android 系统的平板电脑作为智慧移动终端。

（三）智慧课堂学习系统软件架构

智慧课堂学习系统主要包含了备课系统、授课系统、测评系统、内容中心、应用系统、题库系统、云空间等软件系统，如图 3.10 所示。

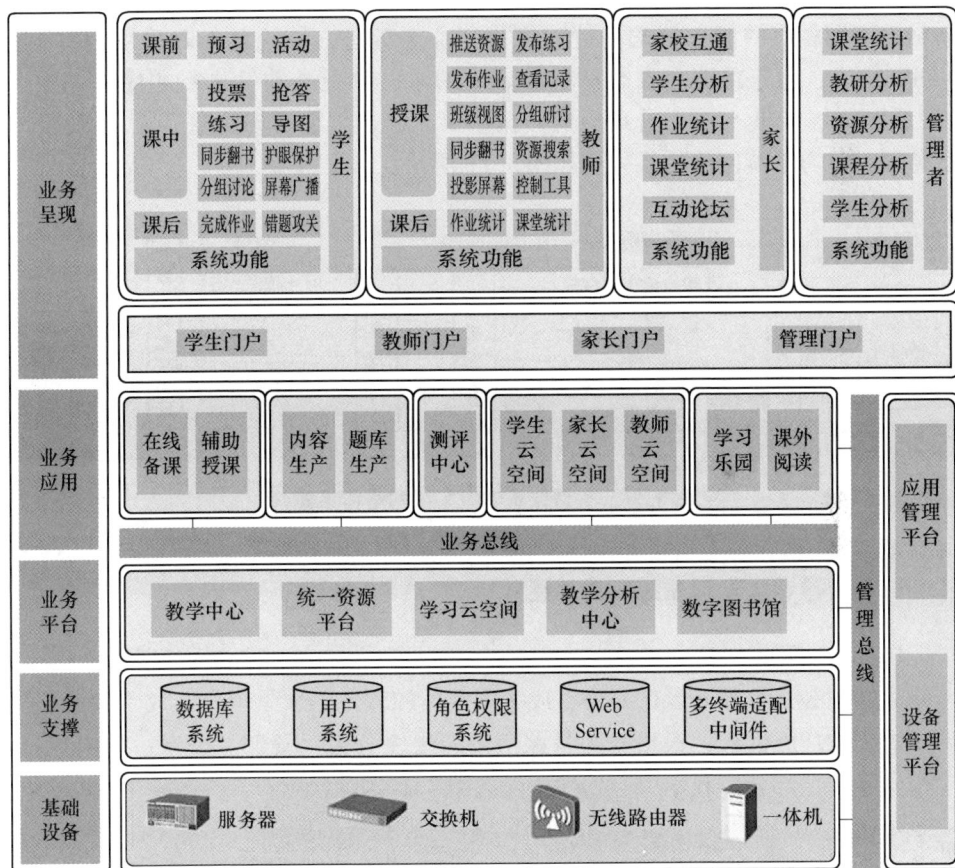

图 3.10　智慧课堂学习系统软件架构

（四）智慧课堂学习系统网络体系架构

根据系统应用需求，智慧课堂学习系统采用移动应用程序/服务器（C/S）体系和浏览器/服务器（B/S）的网络体系架构。客户端（教师端、学生端）学习系统通过 Web 服务获取学习资源和相关信息。Web 服务接收客户端请求，访问数据库获取需要的资源和信息，并将处理结果返回客户端。服务器端系统提供用户信息、课程信息、课程资源和学习分析等数据的存储及业务处理功能。

服务器端的应用程序支持多种终端访问。在客户端直接由网页浏览器及移动应用程序(App)运行，各模块的内容资源（文本、图片、视频等）完全由服务器端分发。服务器端程序由 Struts 2 框架设计，部署在 Apache Tomcat Web 应用服务上运行，数据库采用 PostgerSQL，是一种开放源代码的关系型数据库管理系统，系统使用最常用的数据库管理语言——结构化查询语言(SQL)进行数据库管理。

客户端向服务器端发送请求，必须进行身份认证，通过用户名和密码进行认证，用户成功登录后，由服务器端程序根据客户端的请求进行参数解析，根据解析结果调用相应的服务器端功能程序进行业务处理。系统开发时采用 HTTP 和 XMPP 协议，服务器端接收客户端的 post 请求，解析参数并进行相应的逻辑运算，再给客户端返回一个处理后的数据结果，客户端解析该对象后显示给用户。智慧课堂学习系统网络体系架构如图 3.11 所示。

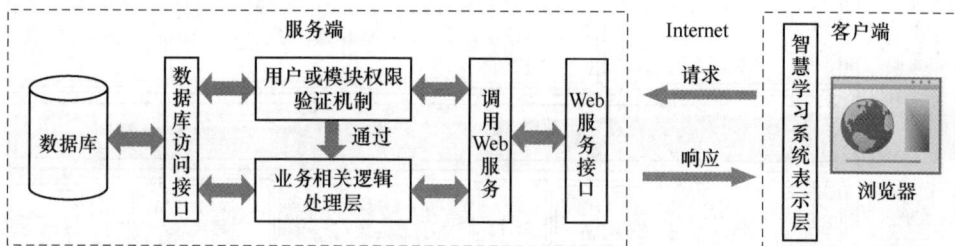

图 3.11　智慧课堂学习系统网络体系架构

二、智慧课堂学习系统应用功能分析

(一) 教学中心

教学中心是教师可以在办公室或家中使用的软件。教学中心集成了备课、授课所需要的功能模块，根据教师备课使用的顺序分为：备课、授课、智能测验、应用盒子四个部分。教学中心软件界面如图 3.12 所示。

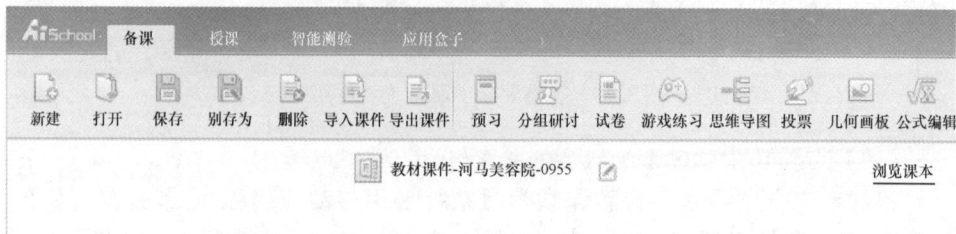

图 3.12　教学中心软件界面

1. 备课

新建课件后，教师可以通过预习功能了解学生对学习内容的掌握情况，或者通过预习让学生在课前做一些相应的准备工作。单击"预习"按钮即可新建预习任务，当编辑任务内容时可以从右侧资源库中选择合适的内容与预习任务一起发布给学生。预习任务编辑完成后，单击"发布"按钮即可将预习任务在线发送给相应班级的学生，体现了智慧课堂"实时内容推送"的技术特征。学生可以通过学生平板电脑或学生空间来完成预习，如果教师发布预习任务时勾选了允许讨论，则学生在预习时可以通过文字进行讨论。教师也可以选择特定的学生进行发布。对于已发布的预习，通过在"任务记录"界面查找相应的预习就可以查看到学生完成并提交上来的预习成果信息，体现了智慧课堂"学习情景采集"的技术特征。

教学中心可以制作基于电子书的课件，也可以制作基于 PPT 的课件或者无特定模板的课件。教师可以将资源库中找出的资源以热点图标的形式放置在电子书中。若资源库中没有合适的资源，教师可以单个或批量导入电脑本地的资源使用。电子书课件设计界面如图 3.13 所示。基于 PPT 做课件时可以将资源库中的资源直接拖拽到 PPT 中。PPT 课件设计界面如图 3.14 所示。通过"预习""分组研讨""试卷""游戏练习""思维导图""投票""几何画板""公式编辑"等功能可以新建相应的内容，作为资源进入资源库中。此功能模块体现了智慧课堂"资源分层共享"的技术特征。

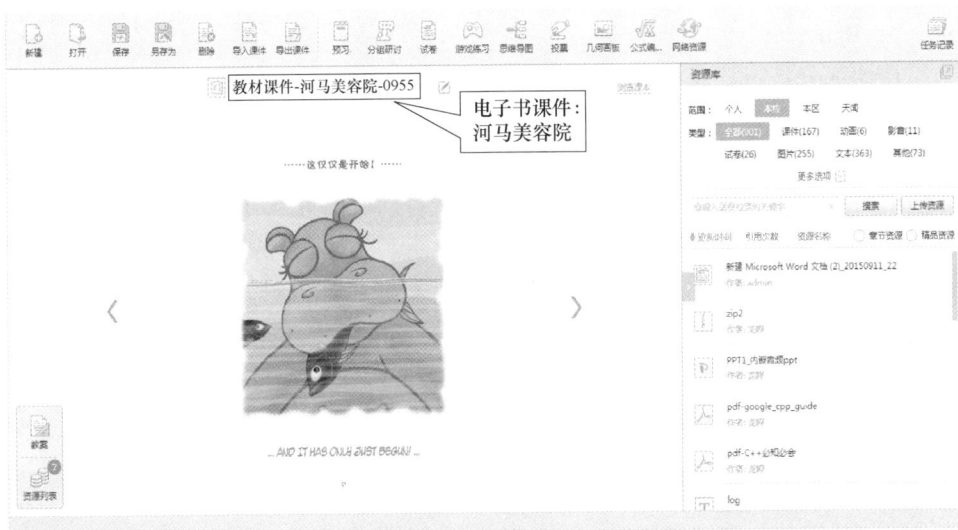

图 3.13　电子书课件设计界面

图 3.14　PPT 课件设计界面

在任务记录里可以查到已发布的"预习""练习"和"投票"等结果。

系统支持教师在离线状态下进行备课和授课操作，包括创建教学活动、上传本地资源、编辑课件热点等。

2. 授课

在课件设计完成后，教师可以单击"授课"标签页进行授课。教师选择要进行授课的课件，单击需要授课班级即可启动授课功能模块。授课准备界面如图 3.15 所示。

授课部分是智慧课堂学习系统最核心的功能模块之一，其为教师授课环节提供了丰富的课堂双向交互功能。可以通过教学中心的"授课"功能模块启动，也可以通过"授课服务"启动。服务启动后，教师可以在教师平板电脑上单击相应的班级按钮进行授课中心的控制。下面将授课部分的功能介绍如下。

（1）远程控制计算机，使用教学工具功能。教师可以选择电子书本身作为授课资源的载体，也可以直接使用课前制作的 PPT 文件进行授课（PPT 授课支持在播放状态下直接打开 Word、Excel 等格式的文件），通过使用平板电脑控制授课计算机来使用教学工具给学生讲解课文，教学工具如图 3.16 所示，包括画笔、橡皮擦、放大镜、聚光灯、幕布、公式编辑等，能够让教师灵活地进行教学。

（2）多媒体资源播放功能。教师在授课时可以通过教师终端单击备课时准备的多媒体资源热点进行播放，并且可以实时将资源推送到学生的账户中。被推送的资源会实时在学生端的平板电脑上弹窗显示，学生可以在课堂查看教师推送

图 3.15　授课准备界面

图 3.16　基于电子书的教学工具界面

的资源，也可以在课后通过学生端回顾教师上课时推送的资源，并根据资源进行自学，体现了智慧课堂学习系统"资源分层共享"和"实时内容推送"的技术特征。

（3）同步翻书功能。通过同步翻书功能，在用电子书授课时教师可以强制学生端打开相同的电子书，并与教师所讲解的页数保持一致。

（4）发布练习功能。教师在授课时可以单击备课设置的习题资源，并预览练习接收时的显示情况，勾选相应的试题后发布练习，其界面如图 3.17 所示。学生端可以立刻接收到发布的试题，并进行作答。学生作答的同时教师可以通过班级界面查看到全班同学的做题进度及正确率，在练习结束后教师还可以查看全班同学作答的统计情况。通过这个功能，教师可以实时掌握全班同学的学习进度，适时调整教学计划，实现个性化教学。学生完成练习后，教师可以将练习的答案、批改结果和解析马上发送给学生，学生根据答案和解析自学做错的题目。此功能模块实现智慧课堂的"实时内容推送"的技术特征。发布练习功能流程如图 3.18 所示。

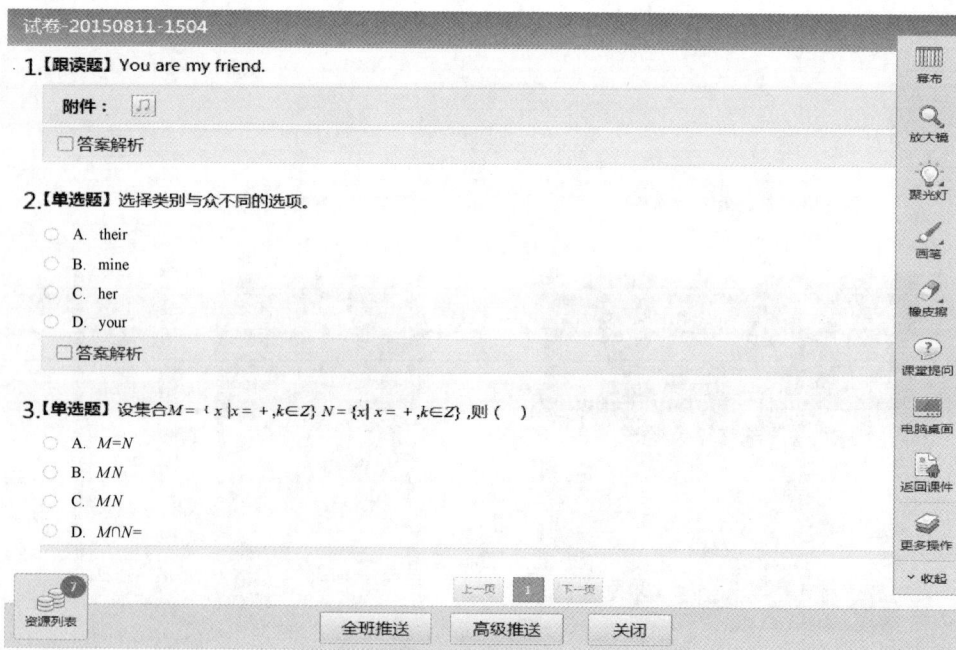

图 3.17　发布练习界面

（5）抢答功能。教师在课堂上可以设置抢答题，在发起抢答功能后，学生端平板电脑会显示"抢答"按钮，通过单击"抢答"按钮进行抢答响应。教师端会根据响应顺序实时显示学生的抢答响应情况。

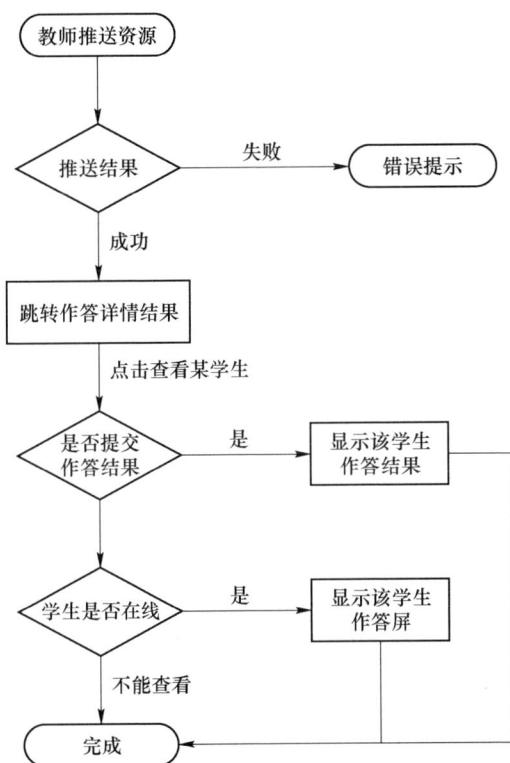

图 3.18 发布练习功能流程

（6）锁屏功能。为了防止学生在课堂上用平板电脑做与课堂无关的事情，教师可以通过"锁屏"按钮将全班或指定学生端平板电脑进行锁屏操作，锁屏后的学生端平板电脑无法进行任何操作。教师不仅可以进行全班统一锁屏操作，也可以选择某个学生进行锁屏或解锁操作。

（7）评价功能。教师可以在课堂上随时给某个学生予以评价，评价系统默认了五种类型，也可以自定义评价描述，使得教师能够对不同层次的学生做出不同的评价，这些评价会及时显示在被评价学生的学生端平板电脑上，并且存档在学生的成长档案中，家长也可以通过学生端或云空间查看到其所得的评价，体现了智慧课堂"即时反馈评价"的技术特征。课堂评价界面如图 3.19 所示。

（8）班级视图。教师可以通过班级视图查看到整个班级学生端在线情况，此功能可以帮助教师对全班终端设备的使用情况进行有效掌握。

（9）课堂投影。教师可以通过单击"拍照投影"按钮进行拍照，摄像头捕捉到的画面能实时地显示在大屏幕上并拍摄作为照片保存在平板电脑上，此功能

图 3.19　课堂评价界面

经常用于课堂上对学生作品的实时展示。

（10）投票功能。在课堂上，教师可以通过智慧课堂学习系统对小组讨论结果进行全班的投票统计，了解全班对该讨论结果的反映情况。发起投票界面如图 3.20 所示。

（11）分屏投影。教师在授课时可以很方便地将自己的平板电脑界面或者任何一个在线的学生端平板电脑界面投影在大屏幕上，可以同时投影四个平板电脑界面，也可以只投影一个平板电脑界面。

（12）屏幕广播。通过屏幕广播功能，教师能控制学生端上显示的内容与教师平板电脑上显示的内容实时保持一致，方便教师做知识讲解。

（13）课堂活动。在课堂上，教师可以随时通过课堂活动功能查看本堂课上已做过的所有操作，帮助教师回顾课堂情况。课堂活动查看界面如图 3.21 所示。

（14）任务记录。推送记录能查看教师之前推送的相关资源，并可以再次推送给学生。

（15）对比讲解。授课时教师可以将两个学生的作业练习、预习、思维导图和作答结果进行对比讲解，其界面如图 3.22 所示。

（16）手写板。手写板能让教师如在传统黑板上一样进行板书，需配合电子白板或手写笔使用。

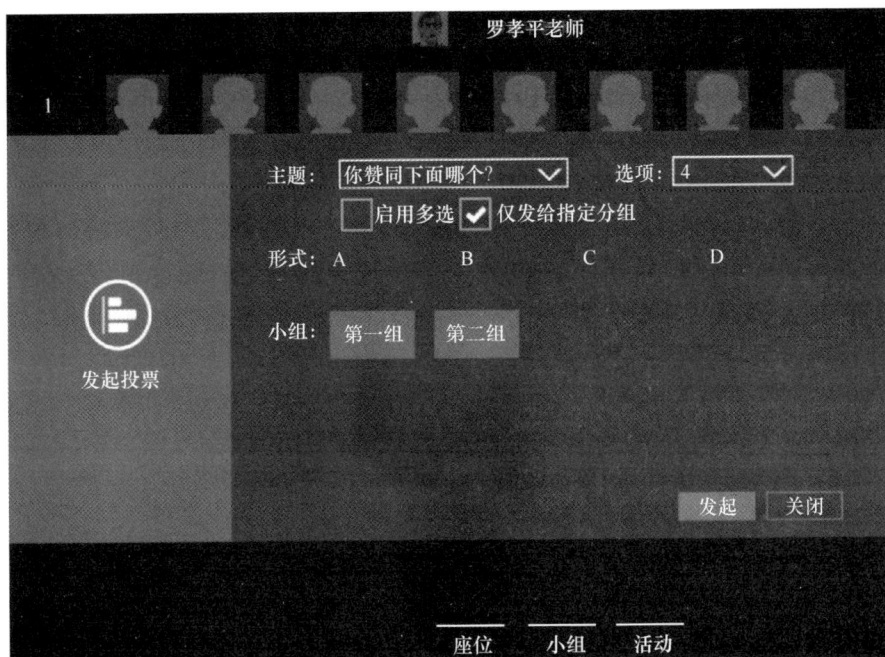

图 3.20　发起投票界面

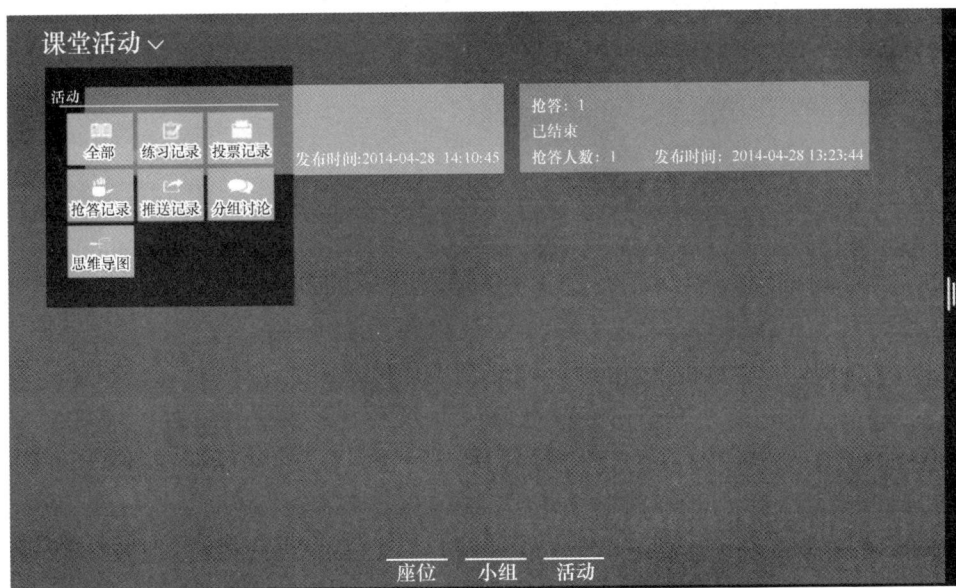

图 3.21　课堂活动查看界面

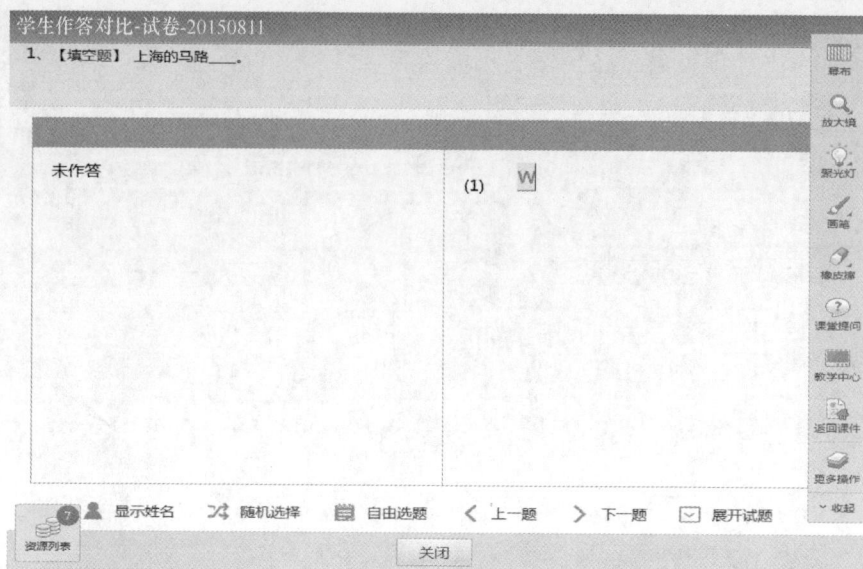

图 3.22　对比讲解界面

（17）作品库。学生和教师可以通过学生端的作品库功能添加画作、思维导图及视频等，还可将作品上传到班级作品库。教师在授课时可以打开作品库查看作品，并给全班同学展示。作品库查看界面如图 3.23 所示。

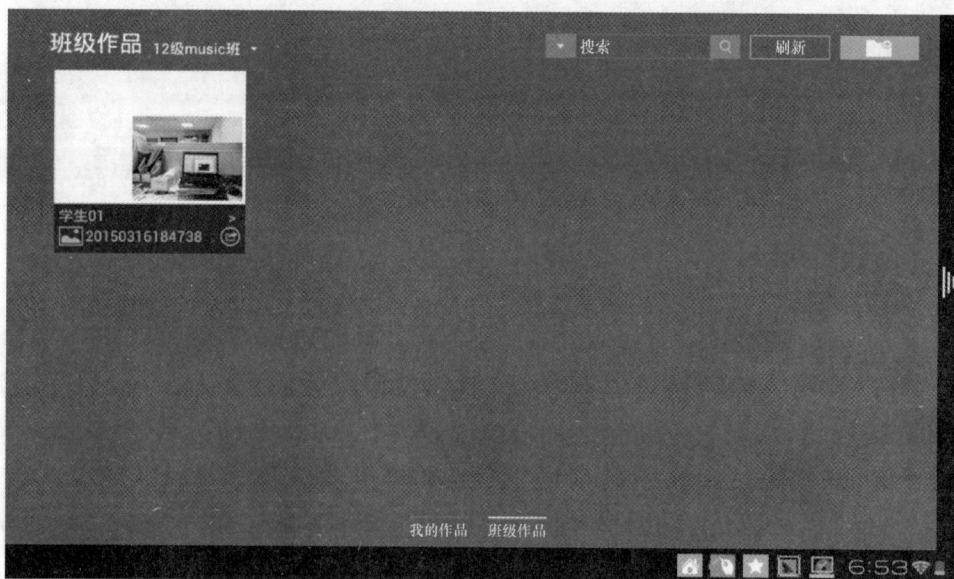

图 3.23　作品库查看界面

　　（18）公式编辑。教师可以在授课时打开公式编辑功能，通过板书公式及相关内容进行教学。

　　（19）几何画板。教师在授课时打开几何画板可以通过电子白板或者鼠标，也可以在平板电脑上直接操作几何画板作图，以便给学生进行讲解。

　　（20）学习资料。在无课件授课的情况下，教师可将电脑上的资源发送给学生，学生可即时收到推送的资源。

　　（21）课堂提问。单击授课工具栏上的"课堂提问"按钮可以进入截屏界面，进行截图并推送给学生，教师可要求学生在上面作答，从而检查学生对该知识点的掌握情况。课堂提问界面如图 3.24 所示。

图 3.24　课堂提问界面

　　（22）思维导图。教师在备课时可先设计思维导图的大纲，并在课堂上推送给学生。学生在此基础上进行补充和完善，最后还可以在思维导图上合并全班学生的学习成果。

　　（23）游戏练习。教学中心内置了游戏模板，方便教师将客观题制作成游戏练习在课堂上推送给学生。游戏练习界面如图 3.25 所示。

　　（24）分组研讨。教师在备课时可编辑好研讨题目和分组信息，在授课时打开备课时准备的分组研讨资源，即可以向不同小组推送指定资源进行研讨。学生收到研讨资源后就可以通过平板电脑或学生空间进行在线研讨，发表自己的观

图 3.25　游戏练习界面

点，同时也可以查看小组其他人员的发言。此功能体现了智慧课堂"协作互动交流"的技术特征。

（25）无课件授课。教学中心除了支持电子书和 PPT 授课，还支持无课件授课。在教学中心下选择"授课"菜单，并在右侧选择要授课的班级，启动授课，即可进入无课件授课页面。在无课件授课的状态下，可使用授课工具栏的工具与学生进行交互。

3. 智能测验

教师可在教学中心发布智能测验，查看学生智能测验的测验记录、学生作答记录和测验分析报告。智能测验界面如图 3.26 所示。

4. 应用盒子

用户在应用盒子菜单下，单击某个应用入口，将以当前用户身份进入相应的模块（如单击教师空间入口，将以当前用户身份登录进入教师空间）。应用盒子界面如图 3.27 所示。

（二）资源中心

资源中心是教师共建共享资源的平台，教师可以上传自己的优质教学资源，也可以下载其他教师分享的优质教学资源。系统通过各个维度的分类让教师方便快捷地找到自己所需的资源，提升备课效率。资源中心界面如

图 3.26 智能测验界面

图 3.27 应用盒子界面

图 3.28 所示。

（三）教学分析中心

教学分析中心向教学管理者及教师提供教学情况统计表、作业练习统计表、学习质量统计表、课堂实时表现统计表、教学资源统计表和学习情况分析表等数据。此功能模块体现了智慧课堂"智能学习分析"和"即时反馈评价"的技术特征。

图 3.28　资源中心界面

　　学习质量统计分析从单个学生和单个年级两个维度对学科成绩进行了图表形式的分析。

　　课堂实时表现统计记录了教师每堂课结束后学生的学习情况，形成分析表如图 3.29 所示。此外，在学习情况分析中，还可以查看某一段时间内学生端使用时长、班级平均使用时长、学生端阅读时长等信息，便于教学管理者和教师对学生平板电脑使用习惯进行监督、引导与规范。

图 3.29　学习情况分析表

（四）测评中心

　　测评中心主界面如图 3.30 所示，包含课前预习、课堂练习、课后作业和试卷管理等信息及内容。此功能模块体现了智慧课堂"智能学习分析""即时反馈评价"和"移动通信互联"的技术特征。

　　此外，测评中心还提供了查看学生测验完成情况的功能，教师可通过测评中心批改作业、查看班级练习作业的正确率分析、班级学生薄弱知识点的分析和某

图 3.30　测评中心主界面

一学生某一时段内的知识点的分析统计（见图 3.31）等，为教师的针对性教学提供系统、科学的数据参考。

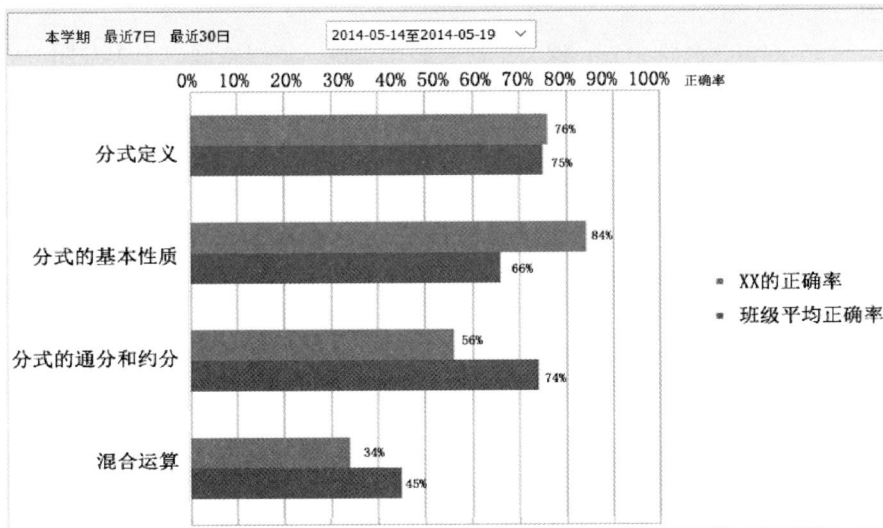

图 3.31　单个学生某一时段内的知识点分析统计

（五）应用管理平台

应用管理平台包含教务中心、应用中心和产品中心三个部分，其主界面如图3.32所示。

图3.32　应用管理平台主界面

（六）学习云空间

学习云空间包含学生空间、教师空间和家长空间。学生、教师、家长可以通过浏览器访问网页形式的学习空间。

1. 教师空间

教师空间包含教学中心、课堂中心、教学资源、班级空间、个人空间、安全管控、更多应用等模块。教学中心画出了整个教学流程图，教师可以单击相应的流程按钮查看该流程所需要使用的功能模块；课堂中心可以查询之前任何一堂课上的课堂信息统计表；教学资源可以让教师很方便地查看到其在资源库中有权限查看的所有资源，并且可以快速将自己的资源上传到资源库中作为私有资源；班级空间用于查看分组研讨中学生讨论的情况；个人空间包含教师空间的留言板及教师的个人信息设置等功能；安全管控功能让教师可以轻松设置学生端平板电脑能够安装的应用及允许访问的网址。

2. 学生空间

学生空间包含学习资料、学习任务、课堂分析、留言板、个人档及班级空间等模块。学习资料模块用于查看学生在在线书架上下载的教辅资源，以及管理自己的资源网盘；在学习任务模块，学生可以查看并完成预习、课堂练习、作业及错题攻关；课堂分析模块记录了学习任务的分析情况、课堂互动分析情况及课堂评价，学生可以随时进行查看；留言板模块用于用户之间的留言交流；个人档模块用于设置个人信息；在班级空间模块里可以查看和参与教师发布的分组研讨。

3. 家长空间

家长空间与其孩子的空间显示的内容一致，但家长只能查看并无修改权。家长也可以通过空间与其他家长、教师或孩子进行信息交流。

（七）综合素质评价

综合素质评价可进行校内外行为评价、学习任务评价和综合评价，如图3.33所示。

图 3.33　综合素质评价系统界面

教师和家长可对学生的校内外行为进行评价，学生也可自评；在学习任务评价模块教师可对学生布置任务、查看学生任务完成情况和对学生任务结果进行重新评价；综合评价是对学生阶段性评价结果，包括行为评价的结果、学业成绩评定和教师点评。

教师可对综合素质评价系统进行系统配置，可配置评价内容、评分标准。学业成绩设置界面如图3.34所示。

三、智慧课堂学习系统终端功能分析

在智慧课堂学习系统中，包括学生端和教师端两种学习终端，各个主流厂家的台式电脑、笔记本电脑、平板电脑均可作为终端载体。考虑到便携性及教学应

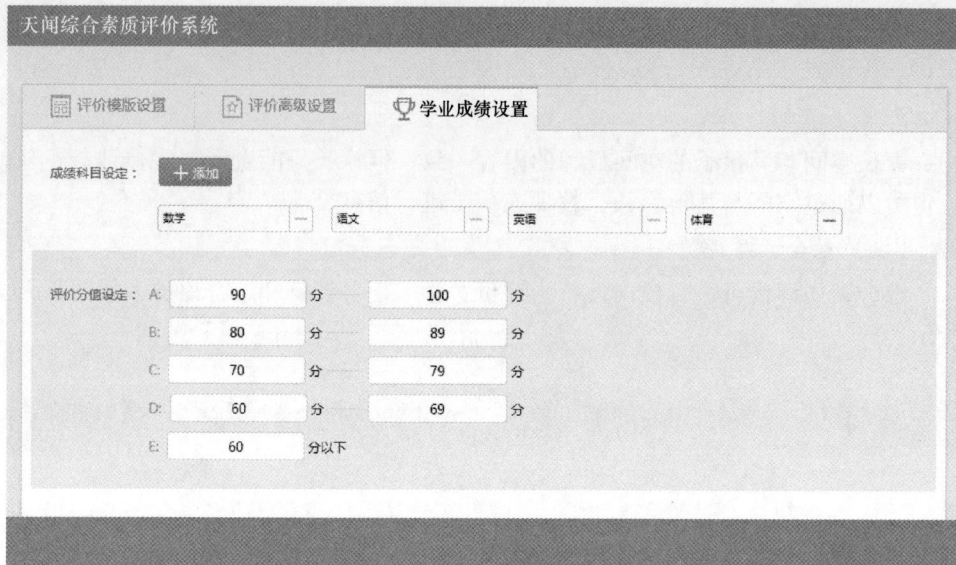

图 3.34　学业成绩设置界面

用的实际情况, 现阶段教学选用的终端是基于 Android 系统的平板电脑, 对设备配置的要求见表 3.1。

表 3.1　学生端的配置要求

指　　标	参　　数
操作系统	Android 4.0 以上
CPU 处理器	1 GHz 双核 CPU
内存	1 GB
硬盘	16 GB
Wi-Fi	802.11a/b/g/n
屏幕	9~10.1 英寸
电池容量	6600 mA·h 以上
屏幕分辨率	1024×768、1280×800（推荐）、1920×1200

（一）学生端功能

智慧课堂学习系统的学生端除了实现在课堂上与教师端的相关交互功能外, 在课前、课后也有非常丰富的学习辅助功能。学生端主界面如图 3.35 所示。

图 3.35　学生端主界面

1. 电子书阅读

智慧课堂学习系统的学生端根据书籍种类划分出教辅和课外阅读两类，这两类书籍都可以从在线书架下载到本地，下载后的书籍可在本地进行阅读，并提供加书签、跳转页码、添加笔记、共享笔记等读书辅助功能。

2. 课前预习

教师在网络上发布预习任务后，学生可以通过学生端进行预习，通过文字、手写、拍照、录音等多种方式完成预习任务并反馈给教师。

3. 课堂练习

学生在课堂上不需要忙于记录教师布置的课堂练习，因为系统会自动将教师在课堂上发布的练习题保存在云平台上，学生可以通过学生端的"课堂练习"功能随时查看教师已发布的课堂练习题进行复习。

4. 课后作业

教师发布的家庭作业，学生可以在学生端的"课后作业"模块中进行作答，并通过网络随时提交。

5. 错题本

在学生通过云平台做过的题目中，做错的试题会自动保存到该生的错题库中，学生可以通过学生端的"错题本"功能进行错题攻关。

6. 课堂资源

教师在课堂上可以通过一键式操作将课前准备好的资源推送给学生，推送完成后，该资源会一直保存在学生的信息档案里，学生可以通过"课堂资源"功能随时查看。学生端课堂资源列表界面如图3.36所示。

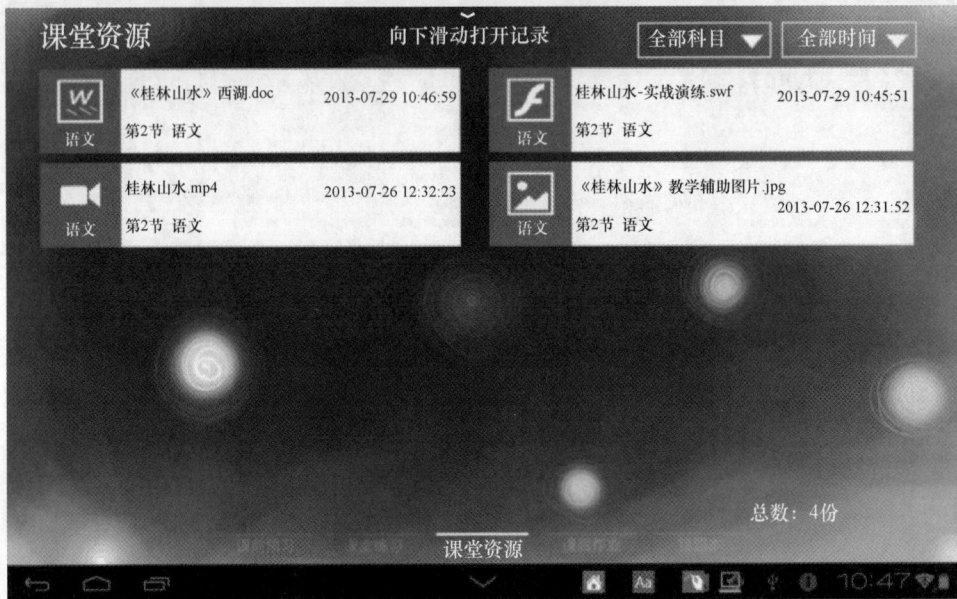

图3.36　学生端课堂资源列表界面

7. 绿色应用

在"绿色应用"模块中，可以使用系统已有的内容产品。用户也可以自主选择下载互联网上现有的基于Android操作系统的教学应用软件。

8. 我的课表

学生可以在"我的课表"界面查看课表的详细情况，如图3.37所示，并且可以通过单击已结束的某堂课来查看该堂课的课堂活动情况。

9. 分组研讨

教师发布分组研讨后，学生可以通过"分组研讨"功能参与全班研讨，查看别人在系统中发布的观点，并且发表自己的见解。学生端分组研讨界面如图3.38所示。

10. 思维导图

在"思维导图"模块中，学生可以根据自己的思路构建思维导图，并上传到课堂导图中与其他同学分享。在课堂上，学生还可以接收教师推送的思维导图并进行再编辑创作，从而实现师生间的互动。

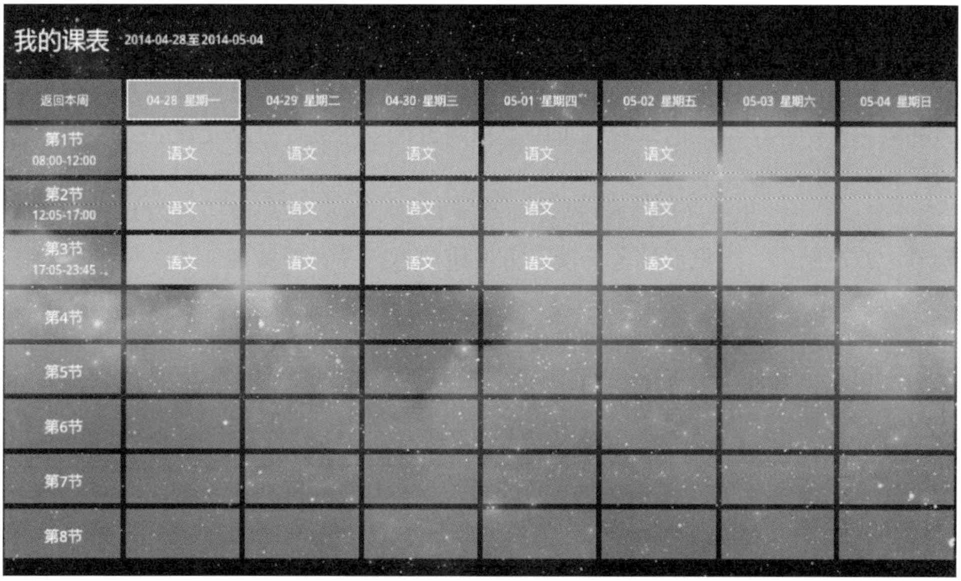

图 3.37　我的课表界面

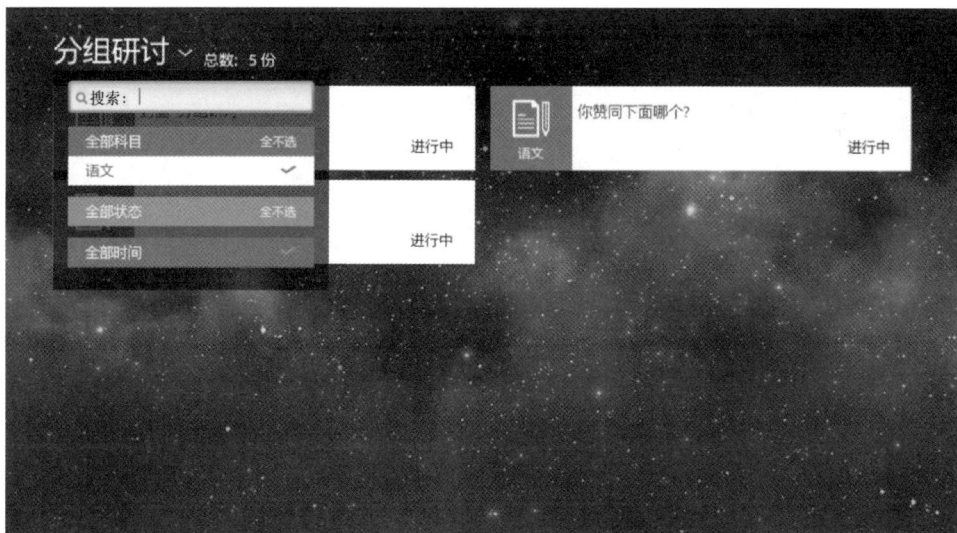

图 3.38　学生端分组研讨界面

11. 相册画廊

在"相册画廊"模块中，学生可以通过拍照进行作品创建，也可以通过画板手工创作图像作品。学生所有的作品都可以上传到班级画廊中与同学进行分享交流。

12. 微视频

学生除了拍照以外，还可以进行微视频创作，同时可以上传从系统外导入的微视频。存储在学生端的微视频可以上传到班级空间进行分享交流。

13. 系统管理

"系统管理"模块包含网络设置、系统升级、服务器配置、语言切换、系统检测、修改密码、意见反馈等功能，方便用户进行设置及管理。

（二）教师端功能

教师端可以在课堂上操作授课中心相应的功能模块，在课前、课后也可以帮助教师提高业务技能，如电子书阅读、相册画廊、微视频、思维导图、绿色应用、系统管理，以及其他应用与学生端功能类似等。

第四章　智慧课堂学习系统功能设计

根据智慧课堂学习系统应具有的技术特征及应用原则和目标，基于对智慧课堂学习系统的架构及功能分析，为充分体现智慧课堂学习系统的教育性、智能化、个性化和自适应性，笔者与智慧课堂学习系统技术人员讨论分析后，对部分系统功能进行了重构设计，系统技术人员结合分析设计对系统功能进行了改进。

第一节　反馈评价功能设计

一、反馈评价功能设计目标

智慧课堂学习系统要体现智慧课堂的"即时反馈评价"技术特征，系统的反馈评价功能要遵循教学规律，体现评价的科学性和有效性。在原系统学生空间中，学生对自己学练成绩的了解是通过系统对所有参与练习的学生进行排行的方式来实现的。根据智慧学习理论提出的智慧技术要在学习中恰当运用的观点，以及发展心理学理论中提出的尊重学生心理特点的论述，笔者建议在学生空间中将排行的形式调整为分段显示，以利于学生了解现阶段自我学习情况，提升学习的自信。系统最终设定为将学生成绩与全班学生成绩进行横向对比，通过"我在班级里的位置"向学生反馈练习水平。在教师空间仍然通过排名的方式向教师反馈各学生学习的详细情况。

二、反馈评价功能流程图

为实现智慧课堂学习系统反馈评价功能的设计目标，本书将功能实现的完整过程通过绘制流程图的形式进行表述。学生端分段反馈程序流程如图4.1所示。

三、反馈评价功能实现

反馈评价分段评价功能实现的步骤如下。

（1）从数据库读取全班学生的练习成绩，根据成绩统计此次练习的所有分数点，把结果保存到数据集合中。获取分数点的 SQL 语法如下：

```
SELECT DISTINCT [FScore] FROM [ScoreTable]
    WHERE FClassCode ='1001'
```

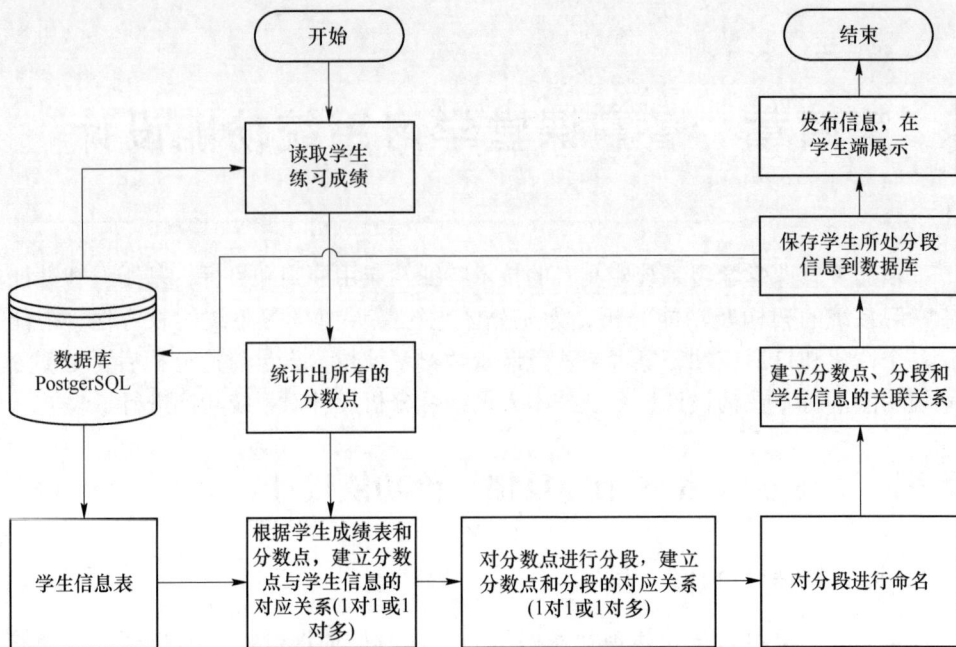

图 4.1　学生端分段反馈程序流程图

（2）建立分数点与各学生信息的对应关系。根据分数点，查找全班学习成绩表，查找出每个分数点对应的学生信息，并把分数点和学生信息的对应关系保存到数据库临时表中。分数点和学生信息的对应关系如图 4.2 所示。

FClassCode	Fscore	FStudentID
1001	100.00	10102
1001	100.00	10029
1001	99.00	20790
1001	95.00	20089
1001	95.00	20718
1001	90.00	26095

备注：
班级编号：1001
分数点100分有学号是10102和10029两位同学
分数点99分有学号是20790一位同学
分数点95分有学号是20089和20718两位同学
分数点90分有学号是26095一位同学
…，以此类推

图 4.2　分数点和学生信息的对应关系图

获取分数点与学生信息之间的对应关系的 SQL 语法如下：

```
SELECT[FScore],[FStudentID]FROM[ScoreTable]
    WHERE FClassCode ='001' AND[FScore]='95'
```

（3）对分数点进行分段，保存分段和分数点的对应关系到数据库临时表。分段的逻辑关系如图 4.3 所示。

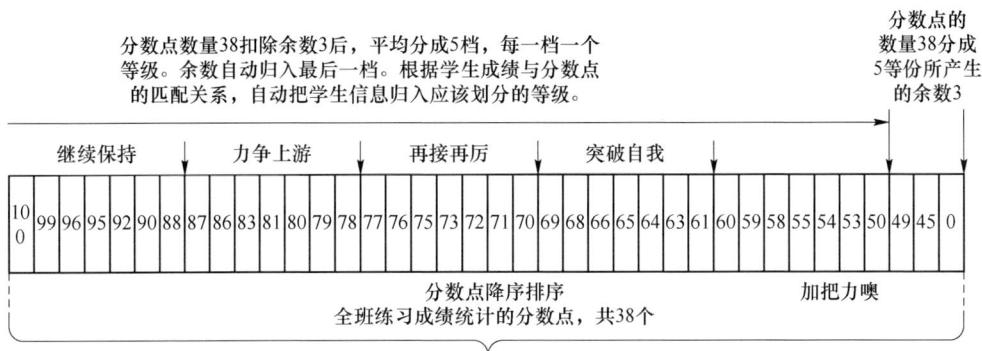

图 4.3　分段的逻辑关系图

先将分数点进行降序排列，将分数点的个数除以 5，若能整除，则将分数点平均分成五段，若不能整除，从所有分数点的末位扣去余数个数的分数点后，再进行整除，扣除的分数点归入最后一个分段。若参加练习学生人数不足 5 人，则系统默认划分为第一个分段。

（4）对各分段展示给终端的名称进行命名，便于直观理解。第一段命名为"继续保持"，第二段命名为"力争上游"，第三段命名为"再接再厉"，第四段命名为"突破自我"，第五段命名为"加把力噢"。

（5）根据分数点与学生的对应关系及分数点所处的分段将学生与不同分段相匹配，建立关联关系。

（6）根据关联关系将学生所在的分段信息进行保存，并通过对应的五个分段图表在学生空间的"学习分析"中"我在班级里的位置"功能模块上进行展示。

四、反馈评价功能界面

学生完成知识点练习后，学生端"学习分析"模块"我在班级里的位置"自动显示的"反馈评价"界面如图 4.4 所示。

图 4.4　学生端完成练习后系统自动显示"反馈评价"界面

第二节　资源推送功能设计

一、资源推送功能设计目标

智慧课堂学习系统要体现智慧课堂的智慧性，系统功能就要实现智能化和个性化。系统在资源推送方面的原有功能模块基本采用教师课前主动选择学习资料，手动向学生推送的方式。为体现系统"智能学习分析"和"实时内容推送"的技术特征，笔者建议，在部分学习环节系统采用在数据分析的基础上，自动向学生推送资源的方式来完成。系统最终设定为推送资源改进为自动推送与手动推送结合。在学生空间，系统通过分析学生的情况，自动向学生推送在学课程的相关资源，教师也可以根据系统分析的每个学生知识掌握程度，向每个学生推送不同学习资源。

二、资源推送功能流程图

要实现智慧课堂系统资源推送功能中手动和自动相结合的设计目标，本书将功能实现的完整过程通过绘制流程图的形式进行表述，如图4.5和图4.6所示。

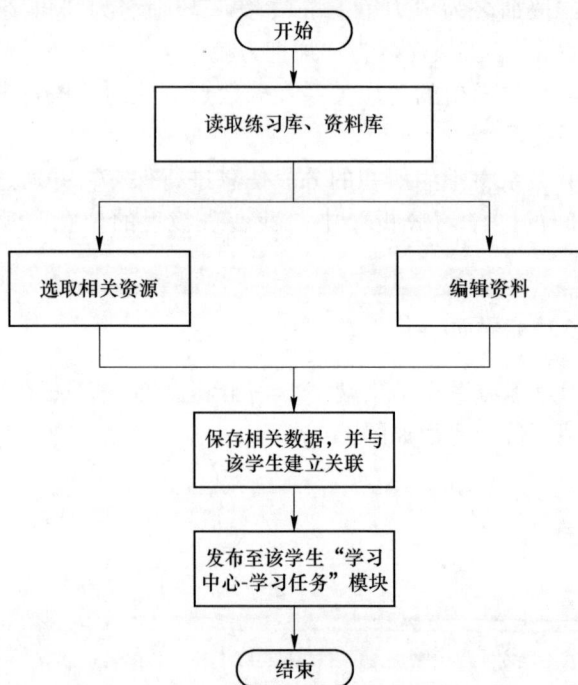

图4.5　教师手动向不同学生推送资源程序流程图

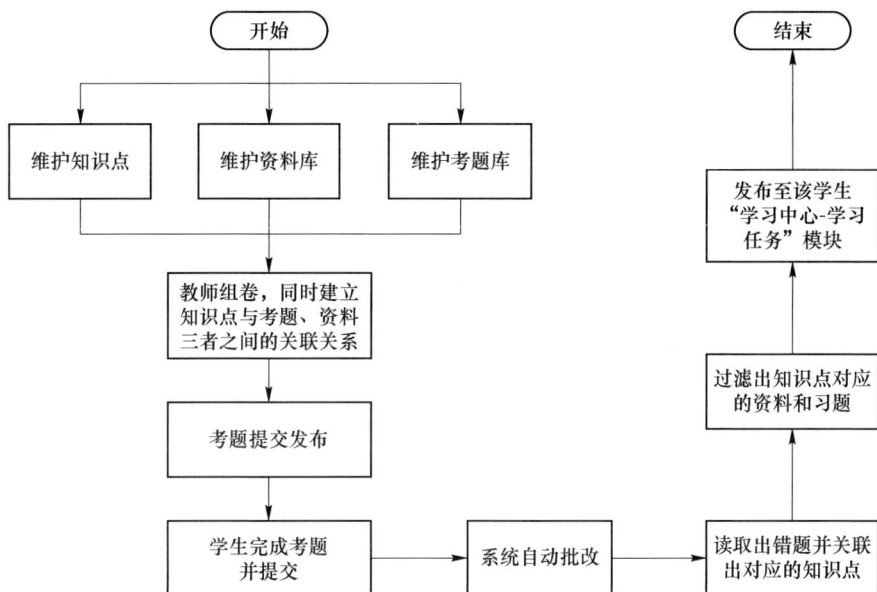

图4.6　系统自动向学生推送资源程序流程图

三、资源推送功能实现

（一）手动资源推送功能实现

手动资源推送功能实现步骤如下。

（1）系统在"学生分段排名"模块中为每名学生设置"推送"按钮，教师根据每名学生的答题实际情况，点击"推送"按钮，进入发布界面。

（2）系统读取预设的题库和资料库，提供给教师选择。

（3）教师选取相关资源或编辑资源，保存并发布。

（4）系统自动保存资料并与该学生建立关联。

（5）系统将资料发布至该学生"学习中心"中的"学习任务"模块。

（二）自动资源推送功能实现

自动资源推送功能实现步骤如下。

（1）预设课程所有知识点，并对知识点进行分类。

（2）创建题库和基本资料，并指定题库中每个习题和基本资料对应的知识点。通过知识点，习题、题库、基本资料之间建立了关联。

（3）教师在系统中选择习题进行组卷，完成后提交并发布。

（4）学生完成试卷后，点击"提交"按钮，系统会自动批改。

（5）系统自动根据学生练习的批改结果读取学生错题所对应的知识点。

（6）系统自动过滤出该知识点对应的资料和习题，自动保存，并与该学生建立关联，知识点起到连接资料和习题的"桥梁"作用。

（7）系统自动发送资料和习题到该学生的"学习任务"模块中。

四、资源推送功能界面

系统可以根据不同学生的实际情况，向不同学生自动推送不同学习资源。学生端显示系统推送的不同资源界面如图4.7所示。

图 4.7　学生端显示系统推送的不同资源界面

当学生完成练习后，教师可以根据系统分析的每个学生知识点掌握程度，向不同学生推送与其掌握程度相适应的练习资源。教师端向不同学生推送不同练习资源界面如图4.8所示。

学生姓名	掌握程度	练习题数	薄弱知识点（掌握水平小于60）	推送练习
学生gz03	一般(65)	14题		↗
sgz01	较差(43)	12题	句子理解及运用、字词意义及运用	↗

图 4.8　教师端向不同学生推送不同练习资源界面

第三节 游戏练习功能设计

一、游戏练习功能设计目标

智慧课堂学习系统原有的"游戏练习"模块采用系统提供的游戏模板，形成单一的答题游戏。根据智慧学习理论和游戏化学习理论，为体现智慧课堂的智能化和个性化，笔者建议将游戏练习与闯关练习模式结合，系统改进为让学生在游戏练习中可依据得分情况进行闯关，达到教师预先设定分数后方可进入下一关游戏练习。在游戏练习过程中，教师可以实时查看练习的进度和正确率。系统通过游戏进阶闯关与练习结合的方式增加练习的趣味性和挑战性，提高学生学习兴奋度和学习兴趣。此功能模块体现了智慧课堂的"智能学习分析""实时内容推送"和"即时反馈评价"等技术特征。

二、游戏练习功能流程图

要实现智慧课堂学习系统游戏练习功能结合闯关模式的设计目标，本书将功能实现的完整过程通过绘制流程图的形式进行表述，如图4.9所示。

三、游戏练习功能实现

游戏练习功能实现步骤如下。

（1）教师设定得分率。学生须达到设定分数方可进入下一组练习。

（2）教师通过游戏模板制作游戏练习，向学生推送此练习，练习包含多组，每一组对应一个关卡。

（3）学生做完一组练习后提交，系统自动统计得分率。

（4）如果得分率达到教师预设分数，则进入下一组练习；如果得分率不达标，则根据错题的知识点查找对应的讲解和资料，自动推送到该学生"学习中心"中"学习任务"模块，学生可选择学习资料学习后重新闯关。

（5）得分率达标会进入新的一关练习，根据得分率判断是否能再进入下一组，并重复第（4）步骤的判断规则。以此类推，直至通过所有关卡。

（6）通过所有关卡，即闯关成功。系统会自动向学生推送答题得分情况，并推送相关知识点的拓展资源。

四、游戏练习功能界面

教师在教师端的"游戏练习"模块可以自由选择与练习内容适合的游戏练习模板，进行游戏练习题目的设置，如图4.10和图4.11所示。

教师设置"游戏练习"模块内的习题，如图4.12所示。

开始

设定得分率r

推送游戏练习

计算游戏得分率S_1

推送知识点讲解

$S_1 > r$　否

是

进入下一关

计算游戏得分率S_2

推送知识点讲解

$S_2 > r$　否

是

进入下一关

计算游戏得分率S_3

推送知识点讲解

$S_3 > r$　否

是

闯关成功

显示作答结果

推送拓展资源

结束

教师设定得分率，学生须达到设定分数方可进入下一组练习

如未达到得分率，系统会自动向学生推送相关知识点讲解资料，学生可以重新进行游戏练习

教师首先通过游戏模板制作游戏练习，之后向学生推送此组练习，学生练习后，系统自动统计得分率，如得分率达到教师预设分数则进入下一关练习

学生完成闯关后，系统自动向学生推送答题得分情况，并推送相关知识点的拓展资源

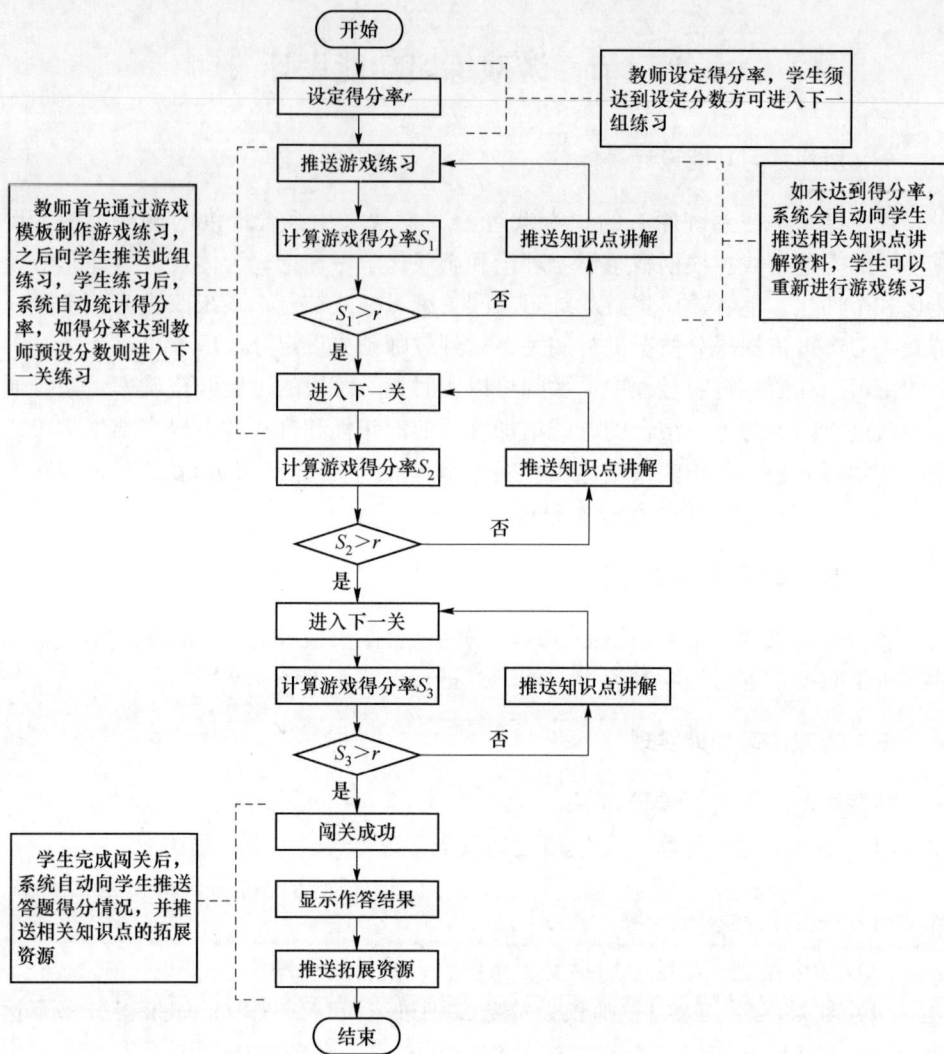

图4.9　游戏练习闯关流程图

海洋宝藏　　　拼单词　　　记忆大师　　　拳击擂台　　　棒球小子

适用题型：选项不能超过4个的单选题；
选项规则：适用题型：单选题 选项规则：选项个数不能超过4个，题干、选项只能为纯文字。题干最多支持50个中文字符或100个英文字符，
　　　　　选项最多支持8个中文字符或16个英文字符。
支持闯关：是

图4.10　"游戏练习"模块选择题模板选择界面

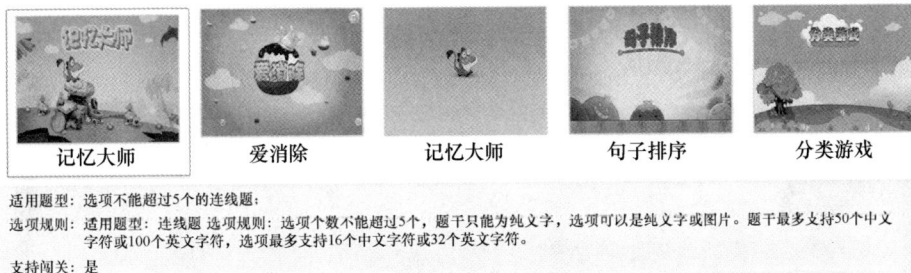

记忆大师　　爱消除　　记忆大师　　句子排序　　分类游戏

适用题型：选项不能超过5个的连线题；
选项规则：适用题型：连线题 选项规则：选项个数不能超过5个，题干只能为纯文字，选项可以是纯文字或图片。题干最多支持50个中文字符或100个英文字符，选项最多支持16个中文字符或32个英文字符。
支持闯关：是

图4.11　"游戏练习"模块连线题模板选择界面

图4.12　"游戏练习"模块习题设置界面

教师向学生推送游戏练习之前，可以在教师端设置游戏练习的闯关规则，如图4.13所示。

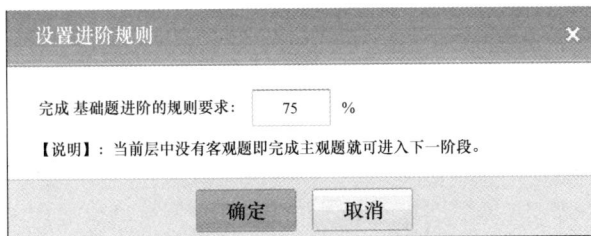

图4.13　游戏练习闯关进阶规则设置界面

　　教师将练习推送给学生后，在教师端可以实时观察学生在游戏练习过程中的完成率和正确率情况，教师实时观察学生作答情况界面如图 4.14 所示。

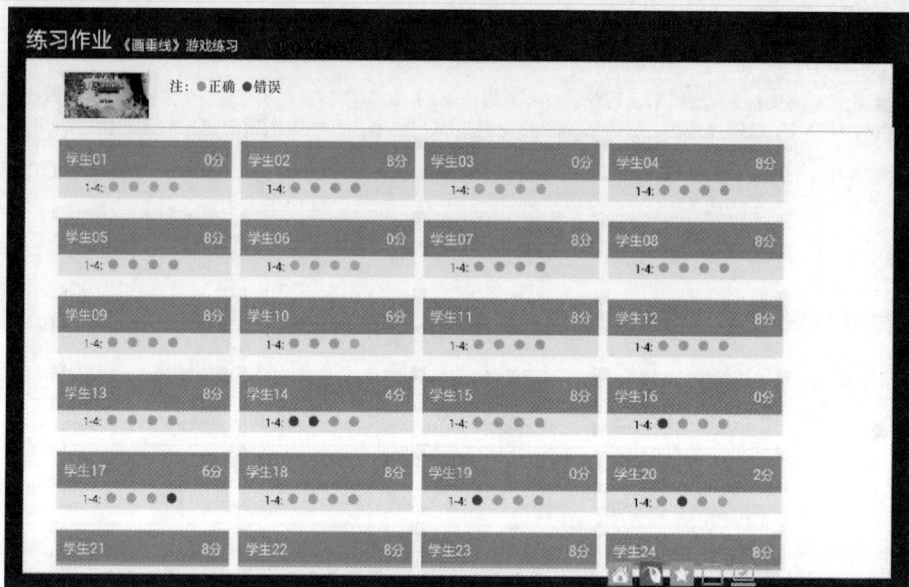

图 4.14　教师实时观察学生作答情况界面

　　学生在学生端开始"海洋宝藏游戏练习"的界面，如图 4.15 和图 4.16 所示。

图 4.15　"游戏练习"模板界面（一）

图 4.16　"游戏练习"模板界面（二）

学生在游戏练习过程中闯关成功后的学生端界面如图 4.17 所示。

图 4.17　"游戏练习"闯关成功界面

第五章 智慧课堂学习模式设计

第一节 智慧课堂学习模式要素分析

一、国内外研究对学习模式要素设计的启示

国内外研究对智慧课堂学习模式各要素的设计有一定程度的启示。综合笔者对国内外智慧课堂学习模式研究现状的分析，发现国内外研究无论最终形成何种形态学习模式，均主要关注学习情境、学习资源、学习活动、学习过程和学习环境这几个要素的设计。

（一）学习情境的设计

在设计智慧课堂学习模式时，要以建构主义理论为基础促进学生的知识建构。祝智庭等认为，学习者需要获得更多的真实感、拥有感、责任感、安全感和平衡感。学生在学习过程中常常不知所学知识在实际生活中如何应用，智慧课堂学习系统环境下具备了更生动的学习情境创设条件，这从根本上要求在智慧课堂环境下的学习内容和学习方式要充分发挥技术条件，为学生创设生活情境中的真实案例及其活动形式，充分调动学生的情感动力系统和认知投入意识。

（二）学习资源的设计

智慧课堂学习模式关注学习资源个性化推送和可发展变化。陈卫东等认为，可进化的学习资源库是未来课堂学习支持系统的重要支撑。由于在教与学的过程中会生成许多新的资源，因此在智慧课堂学习系统环境中，要多为学习者提供在学习过程中所需的个性化的、富有情境性的、自适应性的，并且可以随时变化更新发展的学习资源。

（三）学习活动的设计

学习活动设计的任务主要是对学习活动中的各个要素及要素之间的关系进行科学合理的编排。如加拿大多伦多大学詹姆斯·斯洛特（James D. Slotta）教授在课程中按照学生的兴趣将学生分组，学生在线上积极交互，可以在大屏幕上看到多种不同的问题解决过程。学习活动的设计是智慧课堂成败的关键，智慧课堂中的学习活动在先进技术设备和丰富学习资源的支持下，通过教师的有效引导，学生在学习活动中习得知识，并且掌握运用知识解决问题的方法。

（四）学习过程的设计

在智慧课堂学习系统环境下，国内外研究者们根据多元泛在、个性化、自主

探究、协作互动和深度投入的学习过程所具有的特点，对学习过程的研究开展一定程度的探索。中国台湾的"TEAM Model 智慧课堂"项目创建了多个采用科学技术创新教学的过程，台北市双园小学建构了强调课前预习和课后复习的"自然智慧教室-预习与复习"创新过程形式。国内外研究者提出的智慧课堂学习系统环境所提供的资源按需推送，记录、分析学生学习过程的数据。环境感知和泛在的无缝连接方式等技术特征也为课前师生了解学习情况，课中创设学习情境，协作互动，课后巩固练习提供了便利的条件。因此，在设计智慧课堂学习模式过程中要考虑不同学习环节下的学习过程设计。

（五）学习环境的设计

智慧课堂学习系统环境可以为学习者提供各类型信息和资源，包括实时、多元化的教学媒体、教学资料，基于认知心理学、知识科学、教与学而开发的促进学生个性化认知、帮助学生进行高阶思维的学习工具，以及便利学生与同伴的学习过程并促进深度学习的学习分析技术。祝智庭等认为，智慧教育的关键在于学习者学会如何利用富有智慧的信息技术支持学习和实践。因此，必须在智慧课堂中合理有效地针对不同学习活动和学习过程，应用智慧学习系统环境中的支撑技术。

二、教学系统设计理论对学习模式要素设计的启示

教学系统设计理论对学习模式要素设计强调对学习者特征的分析、学习情景的设计、学习环境的设计和个性化学习的设计等。

（一）学习者特征的分析

教学系统设计理论在基于网络的学习环境设计中提出，分析学习者现有的认知结构和认知特点，据此建立学生模型，供智能教学系统查询。在计算机支持的协作学习（CSCL）过程模型中，学习者可以根据目录信息了解相应的学习内容，并依据需求自主选择。智慧课堂学习系统尝试对学生的认知特点进行量化，帮助教师对学生进行分组，系统也会根据学生的选择，将他们带入一定的学习环境中。

（二）学习情境的设计

教学系统设计理论提出，学习模式形成后，需要在一个统一的学习情境中实现，这就是学习情境的设计。学习情境的设计应尽量设置与学习内容和主题相关的真实问题情境。因此，智慧课堂中所形成的学习情境设计，应当与学生的知识文化背景相联系，在实际情境下进行学习，使学习者通过对知识的不断同化来达到对新知识的建构目的。

（三）学习环境的设计

教学系统设计理论指出，在学习过程中，如果学习者的学习目标和设计者预

定的目标出现差异，就需要通过学习系统环境给学习者提供个性化的资源和工具，以支持他们实现自己的学习目标。因此，在设计智慧课堂学习模式时，应当针对学生实际情况和学习主题，对学习环境进行设计。

（四）个性化学习的设计

教学系统设计理论中以"学"为中心的教学设计理论强调学习过程以学生为中心，要在学习过程中充分发挥学生的主动性；要让学生有多种机会应用他们所学知识。在网络教育环境下，学生既可以进行个性化学习，又可以进行协作式学习，还可以将二者结合起来。因此，智慧课堂学习模式应充分发挥智慧课堂学习系统中的支撑技术，基于不同学习者的个性差异，为学生提供可供选择的学习策略、路径和学习指导，让学生按照个人的需要进行选择，为个性化学习提供支持。

三、学习理论对学习模式要素设计的启示

当代学习理论的主要观点认为，学习是积极的意义建构、社会的协作交流和日常的实践参与的过程。智慧课堂学习模式需要体现个性化学习、学习活动、学习情境、学习资源与支撑技术这几个要素的设计。

（一）智慧学习理论对个性化学习设计的启示

智慧学习需要认识和把握事物的基本事实和客观规律，运用知识技能创造符合自己、他人和社会需求的制品，促进学习者与环境的相互影响、彼此塑造、双向适应。祝智庭认为，智慧学习环境中学生应该自主投入、协同互助，随时随地随需地把握学习机会。周桂成认为，智慧学习模式通过智慧信息技术与学习活动整合帮助学习者访问到资源信息，支持学习者之间或者学习者与教师之间有效交互，同时设计学习者可以进行自我指导的学习环境。

智慧课堂学习模式构建要充分运用智慧课堂环境个性协同化、智能跟踪化和工具丰富化的特征，选择应用恰当的教学法、学科内容及支持技术，促进学习者智慧学习的发生。

（二）学习活动理论对学习活动设计的启示

借鉴学习活动理论的相关研究成果，可以将学习看成一个完整的学习活动系统，将学习活动系统中的主体对应不同的角色，客体对应的是依据课程目标设计的教学内容，劳动分工是在学习中学习任务的分工。学习规则包括教学规则、学习者之间的交往规则，以及学习效果的评价标准。在智慧课堂学习活动中，主体是指广义上的学习者，客体是指学习的对象，共同体是指与学习者共同完成学习过程的学习伙伴和教师等，工具是指学习过程中使用的智慧支撑技术，规则是指能够协调主体与客体的、智慧课堂中学习活动的一种约定，学习分工是指智慧课堂学习活动中不同参与者在学习任务中的分工。

（三）情境认知理论对学习情境设计的启示

在智慧课堂中，应为学习者的知识建构提供具体化的学习情境，学习情境能够协助本体知识的概念、方法和应用的构建。学生可以利用情境发展自己的思维体系，帮助自己完成知识内化。

（四）混合学习理论对学习环境设计的启示

巴德鲁尔·卡恩（Badrul H. Khan）提出的混合学习八角框架中，技术要素和资源支持要素各代表着教学设计当中一类需要考虑的问题。要求从教学中取得高投资回报，必须充分考虑这两方面的问题以保证教学活动的有效进行，在适当地安排下，把适当的内容给适当的人学习。因此，在智慧课堂学习过程中，学习系统环境需要结合多种传输媒体和技术，分析学生学习情况，推送适当的资源，搭建合理的学习支架，用以辅助学生学习，并提升学生学习能力。

（五）学习共同体理论对学习共同体设计的启示

学习共同体是指一个由学习者及其助学者（包括教师、专家、辅导者等）共同构成的团体。在智慧课堂学习环境及学习形态下的学习中建立一个共同体，要明确共同体的目标人群，包括教师、学生及其学习伙伴，考虑该共同体拥有哪些潜在成员，他们相互之间的关系，形成共同体的目标；确定共同体拥有的任务，根据共同体的任务，进一步确定共同体的学习主题，根据主题设立学习活动和问题。

第二节　智慧课堂学习模式设计

本书整合国内外智慧课堂学习情境设计、学习资源设计、学习活动设计、学习过程设计和学习环境设计等方面研究成果，以教学系统设计理论、智慧学习理论、学习活动理论、情景认知理论和混合学习理论为指导，形成智慧课堂学习共同体、学习活动、学习环境和学习过程等各要素，并对各要素及各要素之间的关系进行设计，最终形成智慧课堂学习模式。

一、学习共同体设计

在智慧课堂学习情境中大多以个人为单位进行学习的学生为主。系统通过对学生特征的测量，掌握学生的认知能力、原有知识基础和学习方式等情况，并将测量结果存入学生特征数据库中，作为智慧课堂系统为学生提供有效学习方法和学习资源的依据。分组结成的学习伙伴主要指通过分析学生学习情况，根据实际进行分组协作、共享、讨论学习的学习伙伴。扮演引导、设计和辅助角色的教师进入智慧课堂学习系统环境之前也要适应新环境，明白如何运用新环境中的先进技术，以便更高效、更合理地成为学生学习的引导者和得力助手。此外，还需要考虑教师、学生及其学习伙伴相互之间的关系，并形成学习共同体，确定共同拥有的学习任务，根据任务确定学习主题，设立相关活动和问题。

二、学习活动设计

在智慧课堂学习活动中，主体是指学习者即学生，客体是指学习的对象，共同体是指与学生共同完成学习过程的参与者，工具是指学习过程中使用的智慧课堂系统软硬件技术，规则是指能够协调主体与客体的、智慧学习活动中的一种约定，学习分工是指智慧学习活动过程中不同参与者在学习过程中的任务分工。自主学习、协作学习、探究学习、基于问题的学习和泛在学习等是智慧课堂学习活动常见的形式，体现了学习的智慧化、个性化和情境性体验。

（一）自我分析学习活动设计

智慧课堂自我分析学习活动设计主要是指让学生通过智慧课堂学习系统中的分析技术，分析自我的测试情况和学习系统记录，识别自我学习情况和学习风格。如学生通过查看学习伙伴共享的学习成果，与自己完成的测验进行比对，并在比对过程中产生疑问，带着疑问进入下一阶段的学习；诊断学生当前存在的问题并预测其自身需求。在这个学习过程中自然出现了学生对自我学习状态反思检验的形态，体现了在智慧课堂环境下学生学习个性化、自适应的特征。教师在明确课程要求和分析学生学习需求后，调整教学内容，把教学内容分层，将不同资源推送给不同学生，支撑学生在课前、课中和课后进行一定程度的自主学习。

（二）自主探究学习活动设计

智慧课堂学习系统中学习终端的可移动性和便携性，使学生可以在课前进行一定程度的自主探究学习。教师运用智慧课堂学习系统中的资源分层共享技术，通过提出问题、提出实践任务等方式支撑学生在课前进行一定程度的探究，同时，通过系统终端向学生传输基于多种媒体的学习资源，让学生在进入问题情境的同时获得学习资源，解决部分问题。

（三）情境创设学习活动设计

智慧课堂为学习情境创设提供了强大的技术保障，让学生通过移动互联环境实时感知各种情境，同时收集、分析、处理和反馈环境信息数据。在课堂上，教师可以结合课前分享的资源组织讨论和评价，向学生推送更新的学习情境；在教学活动中，教师可以利用大屏幕交互式白板进行互动性板书，组织课堂活动，或利用游戏练习、微视频等创设学习情境，在学习过程中注意通过情景互动识别实时获取学生的活动情况，给予引导，并推送资料。

（四）协作互动学习活动设计

高质量的"互动"更需要学生在学习过程中主动发现问题、思考问题并寻找解决问题的方法。课堂当中有共同兴趣的学生可通过即时社交通信工具结成学习伙伴，相互探讨，查找资源，解决问题。教师可以根据系统对学生特征的分析，在系统中对学生按类型进行分组。学生在学习过程中接受有效的学习活动建议，向教师和学习伙伴分享学习成果，分析仍然存在的疑问，提高协作学习能力和学习效果，积极通过智能终端向教师反馈学习情况和课堂学习建议。学生还可以依托移动交流通信平台和实时录播交互系统寻求跨学科的教师或学生提供帮助。

（五）评价反思学习活动设计

在智慧课堂学习系统的支持下，学习的持续性和灵活性得到充分体现。教师可以对学生正式学习前进行评价，学生之间可以对学习准备情况进行评价；师生可以对学习中各环节进行实时互评；学习后，教师可以对学生学习效果进行评价，学生对学习过程可以进行总体评价，还可以进行师生间的自我评价和学生之间的互评。课堂学习后，教师可以根据课堂练习的完成情况，按照每个学生的接受程度推送家庭作业，实现个性化复习；学生可以随时获取、回答教师给出的提问，以便教师检验教学效果。

（六）巩固扩展学习活动设计

在智慧课堂学习系统中，通过移动通信技术，学生可以根据自己的实际需要自由地选择学习资源和方式来巩固课堂学习的内容，例如，通过终端微视频的学习，学生可以利用碎片化时间复习课堂学习中遇到的重难点，可以与教师实时互动，和学习伙伴构建协作小组，并对教学效果作出评价。教师还可以向学生推送与课堂学习情境相关的主题，让学生在课后得到学习方向和程度的调整，扩展思维空间，提高分析问题与解决问题的能力，创造新的学习成果。

三、学习环境设计

本书结合智慧课堂支撑学习的系统环境和技术特征，以及智慧课堂学习系统运用原则、目标和系统架构可知，智慧课堂学习环境对学生学习风格的判断、学习路径的选取、学习资源的设计和推送起着关键作用，可实现个性协同化、智能跟踪化和工具丰富化等智慧技术特点，体现个性化、自适应、可发展和情境性等特性。

课前，智慧课堂学习环境需要保障学生自我检测分析，搜寻资料，创建资料，与学习伙伴共享学习资源；教师采集学生数据，根据学习资源的不同媒体类型、不同难易程度对学习资源进行分层分类后按需推送资源；学生与学生、学习小组成员、教师之间的交流与共享等活动。智慧课堂学习环境需要提供学习情景采集、移动通信互联、实时内容推送和资源分层共享等支撑技术。

课中，智慧课堂学习环境需要保障教师讲授，白板内容呈现，教师通过终端推送资源，学生与白板的交互，学生讲授，学生与教师、学生间的交流，对学习环节的实时评价，互相评价，课堂行为记录，教学过程记录等活动。智慧课堂学习环境需要提供实时内容推送、资源分层共享、协作互动交流、智能学习分析和即时反馈评价等支撑技术。

课后，智慧课堂学习环境需要保障学生能够查询成绩及对成绩的智能分析，复习巩固练习，创造新的成果，与学生、教师的交流，对课程的评价，对自我的评价；教师给予反馈、评价，针对学生的成绩情况向学生推送资源。智慧课堂学习环境需要提供即时反馈评价，移动通信互联和实时内容推送等支撑技术。

四、学习过程设计

智慧课堂是通信技术、物联网、云计算和学习分析技术等与教育深度融合的产物，是一个具有丰富技术含量的学习环境。这种高端的信息化教育学习环境让学习变得更加自然、多样，并促使学习者去寻找新的沟通、合作和交互方式。在这样的环境中，要求学习者学习任务与学习智慧同进步，师生间与学生间互相激发、共同参与、合作交流、质疑探究，实现文化和精神的同步生长，在智慧课堂环境中高效、开放的学习过程可让学习者体验更为广阔的学习空间和学习历程。

（一）课前学习过程设计

课前，教师可应用智慧课堂中的学习情景采集技术采集学生的学习特征和学习状态数据，诊断不同学生存在的问题并预测需求后，向学生推送个性化学习资源。学生可以通过移动通信互联工具完成教师推送的测验，分析存在的问题，接收教师推送的学习资源和建议，并向教师和学习伙伴分享学习成果。

（二）课中学习过程设计

课中，教师明确课程要求，应用实时内容推送技术创设学习情境支撑学生进行一定程度的探究，同时，利用系统资源分层共享功能把教学资源分层分类，通过系统终端向不同学生个性化推送，让学生获得学习资源，学习背景知识，解决部分疑问，进入学习情境。教师还可以结合学生课前分享的学习成果，应用协作互动交流和即时反馈评价技术组织互动学习活动；利用多种终端组织课堂答题竞赛、分组讨论、图片拍摄展示、微视频拍摄展示和游戏式练习等互动。例如，在游戏练习过程中，教师可以设置进阶规则，系统根据学生练习结果，采用智能学习分析技术，自适应向教师反馈练习完成时间和练习成绩分析，自动判断学生是否可以进入下一阶段学习，并向处于不同阶段的学生推送个性化学习资料。学生应用移动通信互联技术结成学习伙伴，相互讨论，共享资源，通过互动协作学习来解决问题，实现个性化表达。当遇到无法在单一课堂范围内得到解释或解决的问题，学生可以使用协作互动交流技术支持的实时录播交互系统打破课堂时空界限，寻求跨学科的教师或学生的帮助。

（三）课后学习过程设计

课后，师生可使用即时反馈评价技术对教学全过程进行回顾总结，双向评价。教师可以应用移动通信互联技术向学生布置课后作业，利用实时内容推送工具向学生推送相关主题的拓展资源，让学生得到学习方向和程度的调整，让学有余力的学生扩展思维空间，提高分析与解决问题的能力。学生可随时获取、回答教师给出的作业和测验，以便教师检验教学效果，还可以根据自己的实际需要自由地选择学习资源和方式来巩固内化知识。

依据国内外智慧课堂学习模式研究及理论分析，整合智慧课堂技术特征及智慧课堂学习系统环境中学习形式上发生的变化，本书通过对智慧课堂教育教学过程观摩，以及与授课教师的数十次探讨，尝试对智慧课堂学习各要素和各环节进行整合，针对学习活动的特征，结合学习实施和评价的需要，设计了智慧课堂学习模式图（见图5.1），以进一步推进智慧课堂中的技术与学习双向融合。

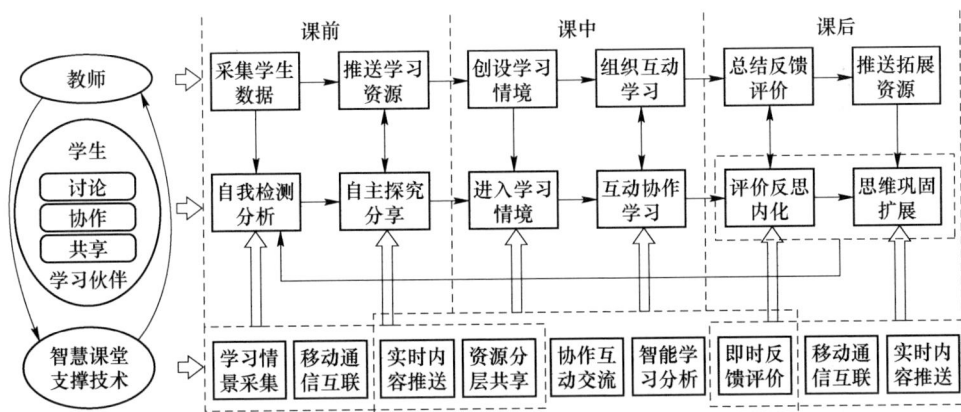

图5.1　智慧课堂学习模式图

第六章　智慧课堂学习策略设计

第一节　学习策略的理论体系研究

一、学习策略的定义

根据国内外文献分析，研究者们将对学习策略的看法归纳为：（1）把学习策略看成是具体的学习方法或技能；（2）把学习策略看成是学习的程序与步骤；（3）把学习策略看成是学生的学习过程；（4）把学习策略看成是学习的调节和控制技能。刘电芝认为，学习策略是指学习者在学习活动中有效学习的程序、规则、方法、技巧及调控方式。笔者认为学习策略是指学习者在学习活动中运用的有效程序、方法、技巧及调控方式，既有内隐的规则系统，也有外显的可操作程序与步骤。

二、学习策略的理论体系研究

温斯坦(Weinstein)认为，学习策略包括：（1）认知信息加工策略；（2）积极学习策略；（3）辅助性策略；（4）元认知策略。迈克卡（Mckeachie）等认为，学习策略包括元认知策略、认知策略和资源管理策略三部分。Pokay 把学习策略区分为元认知策略、认知策略和努力策略。谷生华、辛涛等将学习策略归为元认知策略、认知策略、动机策略和社会策略。刘志华和郭占基归纳出组织策略、搜集信息、复述与记忆、寻求社会帮助、复习、评估与诊断、目标与计划、记录与自我监控和环境建构学习策略。张履祥、钱含芬把学习策略概括为课堂学习策略、巩固记忆策略、解题思维策略、创造学习策略和总结考试策略。

第二节　智慧课堂学习策略设计

本书根据温斯坦（Weinstein）、丹瑟洛（Dansereau）、迈克卡（Mckeachie）、谷生华、辛涛、周国韬、刘志华和郭占基、张履祥和钱含芬等人对学习策略的研究，分析智慧课堂学习过程中需注意采用的有效学习程序、方法、技巧及调控方式，结合智慧课堂案例课中得到的实践经验，从认知策略、资源管理策略和多元评价策略三个方面对智慧课堂学习策略进行论述。

一、智慧课堂认知策略

(一) 智慧课堂认知准备策略

在智慧课堂学习前，教师可以通过智慧终端向学生提问，与学生开展有效讨论，了解学生的学习风格、知识短板和对即将学习知识的看法，找出学习切入点，有效组织教学；还可以根据学习内容在系统中为学生推送明确的学习目标、学习内容、学习重难点甚至本课程的教学设计；向学生提出准备要求，通过终端为课堂教学准备各类应用软件和教学资源，供学生课前熟悉。学生需要注意在进入课堂学习前对学习目标及学习要求有所知情，通过学习终端在教室、家里和图书馆等场所登录虚拟界面，获取教师提供的学习内容，完成教师提出的准备要求，上传自主学习收获和相关资料。如广州市东风东路小学一年级的英语课"Let's Chant"，课前学生通过平板电脑自主学习动物类单词，并将自己收集的动物图片及动物英语表达的录音上传系统，与教师和学生共享。此外，学生还需要明确即将参与的学习活动，了解自己将如何参与学习活动；还需对学习过程中的评价方式和考核标准有所了解，明确在学习活动中的不同表现将会获得何种层次的评价；自主对相关案例进行提前阅读，利用共享的功能自行检索相关案例资料，做好充分的认知准备。

(二) 智慧课堂认知互动策略

智慧课堂为学习提供了灵活多样的互动空间，帮助学生积极地思考，使学生在课堂中动态地学习。教师可以创设虚拟情境，学生则与场景互动，合理管理学习时间，掌握练习的内容、方法、步骤和标准，以提高自身能力。在智慧课堂中，教师可以充分运用智慧课堂系统中提供的便捷软件工具组织活动，如通过基于问题的学习活动唤起学生的好奇心，促进学生积极思考，活跃课堂氛围，或者通过任务驱动式学习活动，让学生在完成任务的过程中思考、补充、发展自身的知识结构，加深知识印象。例如，广州市越秀区署前路小学的校本音乐课例"快乐的音符"，教师通过推送专业设计应用给学生，让学生利用平板进行简单的五线谱作曲，播放后用竖笛吹奏出来，形成良好的学习效果。除了师生的思维碰撞外，在智慧课堂中，学生还可以通过系统与处于不同空间的学生实时讨论交流，协同合理解决问题的方式，为学生增加从教师和学习伙伴处获取反馈的机会，参与反思自己的学习过程，接受正向的修正和指导，提高他们的学习和推理能力，最终促进学生知识迁移能力和协同能力生成。

二、智慧课堂资源管理策略

智慧课堂学习资源主要涉及硬件资源和软件资源。硬件资源主要包括智慧移动终端、智慧一体机、交互式白板、智慧课堂服务器和无线网络设备等；软件资源主要包括智慧云端预设资源库资源、教师分层共享的资源、教师实时推送的资源和学生共享的资源等。

（一）智慧课堂资源按需获取策略

在智慧课堂中，学生的资源获取方式多元化、个性化。首先，学生可以通过协同过滤获取资源，即系统基于学生群信息反馈为学生个体进行推荐。系统根据对学生知识背景和认知情况的分析，发现学生群认知的潜在兴趣点，共同存在的疑惑，向学生主动推送相关知识点，学生可以通过终端直接获取资源，并了解学习同伴的疑惑。其次，学生可以基于内容分层次、分序列获取资源。教师根据要学习的内容，将知识点、重点、关键点进行划分，在系统中合理放置，配合学习进度的准确位置进行推荐，使学生进入学习时可以根据资源推进学习进程，不出现无资源可学、无资源可用的状况，在一定程度上发挥引导学生学习的作用。此外，学生还可以基于关联规则获取资源。在智慧课堂中，学生可以根据系统分析的同伴学习关注点之间的关联关系，发现自己潜在的学习需求，进行关联推荐，例如，学生在学习自己关注知识点的同时，也可以关注与知识点相关的问题，进一步拓展思维，全方位地获取知识，提高问题解决能力。

（二）智慧课堂资源动态生成策略

交互式电子白板、可移动的终端和多点触控技术改变了学习资源获取和展示方式，需要教师和相关技术人员积极开发富有本校特色的、适合协同交互的教学资源，为课堂学习提供有力保障；智慧课堂系统不断记录学生在学习过程中的行为数据，由此形成的全数据成为学生自身、教师和下一批学生学习可以参照的资源。同时，强调学生主动实时共享自我创造的学习资源，学生在学习过程中可以参与教育资源库的建设；扩展原生性资源的生成途径和传递方式，分类型、分层次放置资源，便于学生反复查看，形成记忆，使资源利用形式更灵活，学生知识视野更开阔。例如，在广州市越秀区云山小学的三年级数学课"画垂线"中，学生分组与学习伙伴合作，拍摄"画垂线"的过程（见图6.1），并配音解说，形成微视频，上传智慧课堂系统进行分享（见图6.2）。学生在自主生成课程资源的同时，对所学知识理解得更深入，掌握得更牢靠。

三、智慧课堂多元评价策略

智慧课堂"即时反馈评价"和"智能学习分析"等技术特征使智慧课堂学习评价方式由传统的师生互评、生生互评转变为多元评价。师生可以充分运用智慧课堂系统对学习过程进行可视化的动态监控，对学习进度、学习水平进行多维度实时了解。因此，智慧课堂多元评价策略可以细化为以下几个方面。

（一）智慧课堂形成性评价策略

基于智慧课堂"即时反馈评价"和"智能学习分析"等技术，课前，教师

图6.1 学生拍摄"画垂线"过程视频

图6.2 学生与学习伙伴分享"画垂线"过程

可以依托系统对学生认知准备阶段的学习情况进行评价，学生可以依托系统对认知准备情况进行自评和互评；课中，师生可以进行实时自评和互评，通过评价对学生的学习行为进行引导，帮助学生对学习过程进行反思，使其能够将所学的知识在实际应用中举一反三；课后，教师可以对每个学生的学习过程进行评价，并通过系统实时反馈给学生，学生可以及时发现在学习过程中存在的问题，改进日后的学习方式，学生对学习过程进行评价，对课堂学习过程提出自己的建议和意见，以帮助教师更好地调整课堂、改善课堂授课过程。

（二）智慧课堂总结性评价策略

在智慧课堂学习过程中，智慧课堂学习系统可以实时监控学生的学习进度和测验情况，自动批改生成学生的测验和练习成绩，完整记录学生阶段性成绩曲线，生成学生和学习过程的属性。教师可通过系统了解班级每个学生的答题情况，根据答题情况，对重点问题进行讲解，略讲学生已掌握的问题；学生可通过智能分析技术绘制的图表查看系统对自我学习情况的纵向评价，还可以查看与全班同学的横向对比评价，根据总体评价对存在问题进行剖析，重点查看未内化的知识，做出改进行为。师生可以充分运用系统对学生学习全时记录所形成的数据，对教学双方进行总结性评价。

根据智慧课堂学习模式应用需要，本书形成了"认知策略（认知准备和认知互动）—资源管理策略（资源按需获取和资源动态生成）—多元评价策略（形成性评价和总结性评价）"的智慧课堂学习策略框架。智慧课堂学习策略框架如图6.3所示。

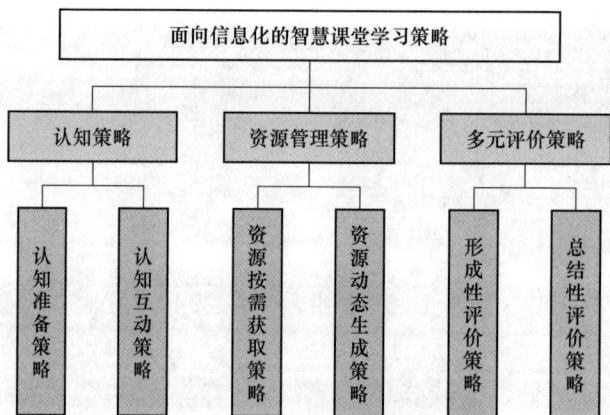

图6.3　智慧课堂学习策略框架

第七章　智慧课堂学习效果个案研究

为了验证本书提出的智慧课堂学习模式与策略的有效性，笔者选取深圳市荔园外国语小学三年级学生、广州市云山小学四年级学生以及广州市七中高一学生在智慧课堂学习系统环境中分别学习英语阅读课程、数学课程和语文课程的学习内容，开展单组的前测和后测试验，应用智慧课堂学习系统进行智能统计分析，通过问卷调查、观察、访谈、单向量表、双向量表、X^2 检验和 t 检验等数据收集与统计方法来验证智慧课堂学习模式和策略的应用效果。

三个个案覆盖了不同课程内容、不同城市、不同教育层次的课堂学习。个案的选取具有一定代表性，并各有特点，对中小学智慧课堂学习具有一定借鉴作用。

第一节　英语阅读课程智慧课堂学习效果研究

一、智慧课堂试验设计

（一）试验目的

本试验旨在验证智慧课堂学习模式与策略应用的效果。

（二）试验对象

本次试验对象为深圳市荔园外国语小学三年级（5）班学习英语阅读课程的19 名小学生。

（三）试验变量

本次试验以智慧课堂学习模式与策略为自变量，以学习效果为因变量。

（四）试验假设

本次试验应用智慧课堂学习模式与策略，能够提高学生学习质量，提升学生个性化学习兴趣，优化学生个性化学习过程，提高学生学习能力。

（五）试验环境

本次试验应用智慧课堂学习系统作为学习的系统环境。

（六）试验过程

本次试验通过单组的前测与后测和问卷调查的方式来验证应用智慧课堂学习模式与策略的有效性。前测为教师在智慧课堂学习系统环境中未应用智慧课堂学习模式与策略开展教学；后测由教师在智慧课堂学习系统环境中应用智慧课堂学习模式与策略开展教学后进行。

1. 前测内容

前测由教师在智慧课堂学习系统环境中未应用智慧课堂学习模式与策略讲解英语阅读课"Finger Snapper"教学内容。其具体步骤如下。

（1）课程学习。由任课教师讲解英语阅读课"Finger Snapper"课文故事的内容，解释各个人物的名字特征，学生通过模仿、操练、问答等活动自然拼读出新的词汇。

（2）学生学习质量检测。由研究者配合任课教师设计课程的测验卷，检验学生的学习质量。测验卷包含 1 道连线题和 3 道选择题。

（3）学生个性化学习过程态度调查。依托智慧课堂学习系统，运用本试验设计的学生个性化学习过程态度问卷收集学生对学习过程的感受和评价。

2. 后测内容

后测内容由教师在智慧课堂学习系统环境中应用智慧课堂学习模式与策略开展英语阅读课"Rain Forest Food"的教学。其具体步骤如下。

（1）学习共同体设计。学生之间组成学习伙伴与教师一起设定学习目标为：掌握"Rain Forest Food"课程中的相关新句式和词汇，理解文章内容，掌握阅读技巧；通过学生自主阅读、教师带读、比赛竞答、实时训练，使学生体会课程内容，掌握新句式和词汇，培养学生的阅读能力。

（2）学习活动设计。在学习活动设计中融入智慧课堂学习模式与策略，具体方案如下。

1）课前预习、课后练习，个性化资源推送。

2）图片导入，创设情境。

3）推送电子读本，开展阅读，重点讲解。

4）根据图片分组讨论，比赛竞答，重点带读。

5）推送游戏进阶练习及调查，实时显示答题进度，实时发送答题成绩和调查结果，小结评价。

6）完成课后练习，总结互评。

（3）智慧课堂学习环境设计。依托智慧课堂学习系统，采集学生数据，实时推送学习资源，推送进阶游戏练习，实时显示答题进度，对答题成绩和调查结果进行实时可视化分析，提供实时讨论和互评平台。

（4）学习过程设计。1）课前，学生在智慧学生空间中预习，练习系统推送习题。学习资源共享，带着问题进行下一步的学习。2）课中，学生通过英文词汇"hot""wet""It rains a lot"和"a forest：many trees"等带有热带雨林情景的图片让学生进入新课的学习情境，依托实时资源共享，进阶游戏练习，组织互动学习，比赛竞答。3）课后，学生进入智慧学生空间进行互评和反思，扩展新词汇，巩固所学知识。

（5）学生学习质量检测。由研究者配合任课教师设计课程的测验卷，检验学生的学习质量。测验卷包含1道连线题和3道选择题。

（6）学生个性化学习过程态度调查。依托智慧课堂学习系统，运用本书设计的学生个性化学习过程态度问卷，检验学生对学习过程的感受和评价。

（7）学生学习能力调查。依托智慧课堂学习系统，运用本书设计的学生学习能力问卷，调查学生学习能力水平。

二、智慧课堂试验实施与数据分析

（一）智慧课堂试验实施

试验采用前后测对比研究。前测内容由教师在智慧课堂学习系统环境中未应用智慧课堂学习模式与策略讲解学习内容；后测内容由教师在智慧课堂学习系统环境中应用智慧课堂学习模式与策略引导学生学习。

1. 前测实施

前测采用一般课堂教学模式教学，由教师在智慧课堂学习系统环境中，未应用智慧课堂学习模式与策略讲解学习内容，步骤如下。

（1）课程学习。由任课教师讲解英语阅读课"Finger Snapper"的课文故事的内容，解释各个人物的名字特征，学生通过模仿、操练、问答等活动，自然拼读出新的词汇。

（2）学生学习质量检测。由任课教师设计课程的测验卷，检验学生的学习质量。测验卷包含1道连线题和3道选择题（见附录一）。

（3）学生个性化学习过程态度调查。依托智慧课堂学习系统，运用本书设计的学生个性化学习过程态度问卷，检验学生对学习过程的感受和评价（见附录六）。

2. 后测实施

后测内容由教师在智慧课堂学习系统环境中应用智慧课堂学习模式与策略，引导学生开展英语阅读课"Rain Forest Food"的学习。其教学活动现场如图7.1所示。

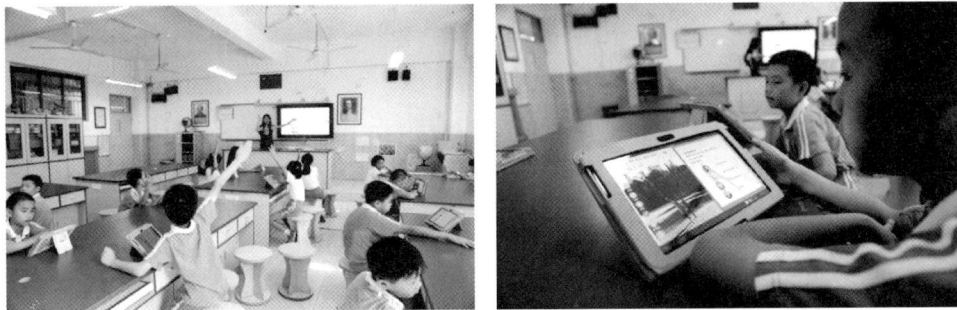

图7.1　教学活动现场图

后测实施的具体步骤如下。

（1）课程学习。课前，教师为了了解每个学生对"Rain Forest Food（热带雨林食物）"的认知水平，让学生登录智慧课堂学习系统，完成教师发布的"What animal live in the rain forest?（什么动物生活在热带雨林里?）"和"What would animals eat in the rain forest?（在热带雨林里的动物都吃些什么?）"多选项练习题。学生在自己的平板电脑上完成这两道多选项练习题后，系统就会自动生成每个学生的练习得分及正确率，其结果如图 7.2～图 7.4 所示。随后，教师向不同得分率的学生推送不同的课件、图片和视频等学习资源，让学生进行个性化学习。

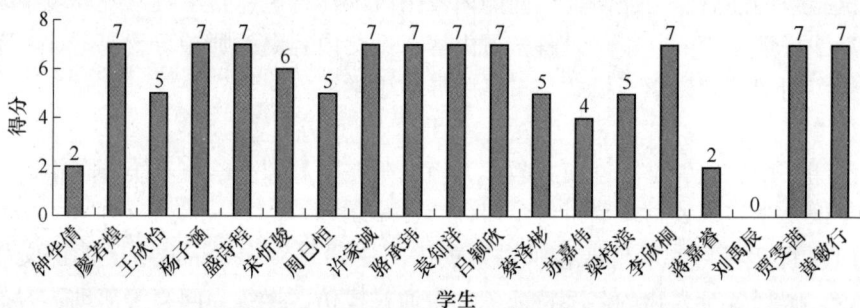

图 7.2　每位学生练习得分自动生成

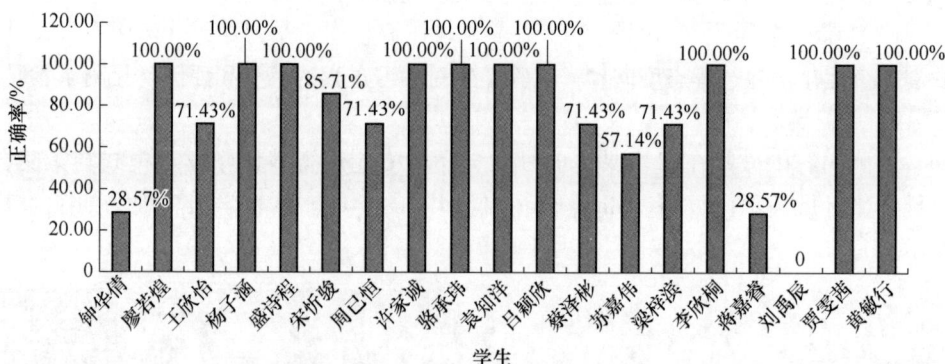

图 7.3　每位学生练习得分正确率自动生成

课中，教师首先通过课件，呈现分别有英文词汇"hot""wet""It rains a lot"和"a forest：many trees"的热带雨林情景的图片，让学生进入新课的学习情境。随后，教师应用"实时内容推送"技术向学生推送"Rain Forest Food（热带雨林食物）"电子读本，让学生阅读。接着，教师通过电子白板展示电子读本中

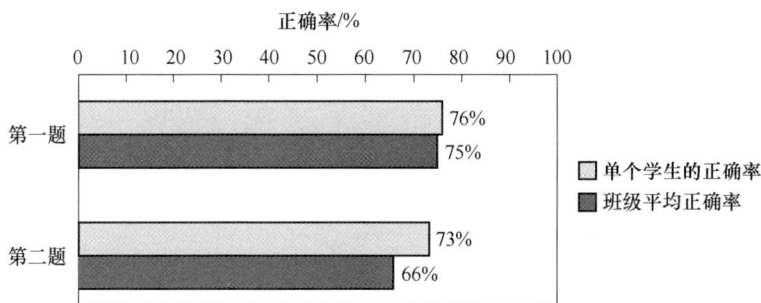

图 7.4 单个学生与班级平均正确率对比

在描述"Different Animals（不同动物）"时，使用的"It has a...（它有……）"和"It uses...（它常常……）"句式，并进行重点讲解。随后，教师使用电子白板呈现不同的"Rain Forest Food（热带雨林食物）"图片，让学生分组讨论，比赛竞答，而后重点带读，纠正学生读音，实现"互动协作学习"。最后，教师应用平台游戏式情景创设功能，结合精品试题库题型，动态生成富有趣味性的"掘金者"游戏练习（见图 7.5），并推送至学生端平板电脑，检测学生课中学习情况，系统应用"即时反馈评价"技术对答题情况进行全过程动态监控（见图 7.6）。

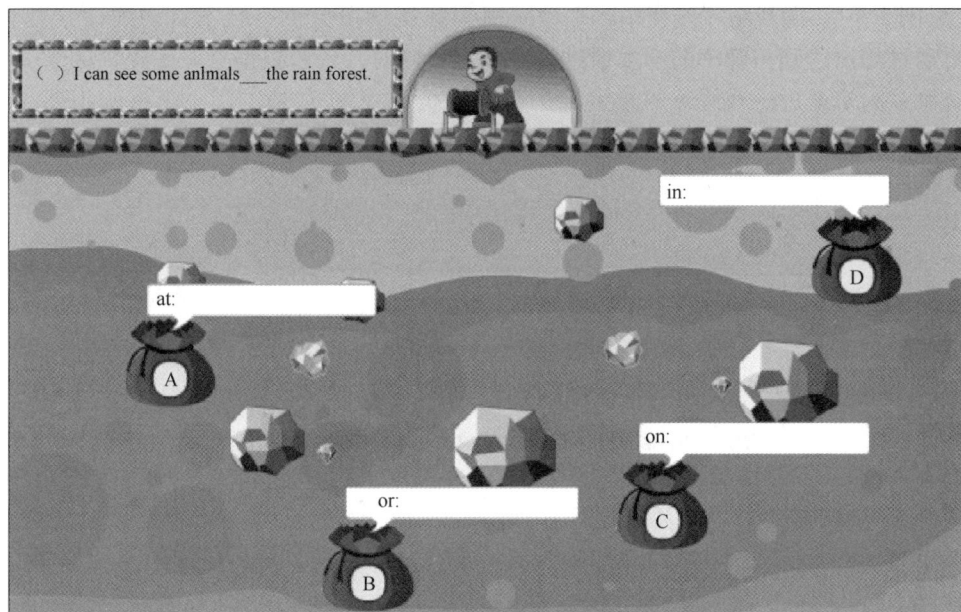

图 7.5 基于游戏情景的练习创设

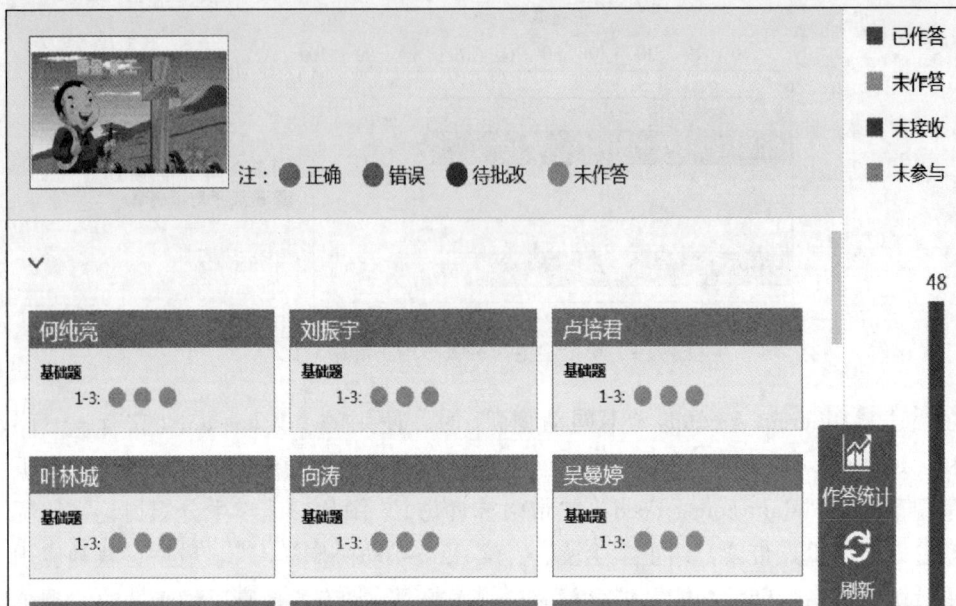

图7.6　练习情况全过程动态监控

　　游戏练习发布前，教师预设游戏练习的进阶规则为答题正确率为"75%"（见图7.7）。游戏练习过程中，平台应用"智能学习分析"技术自动统计分数，自动过滤出达到正确率的学生通过游戏练习；同时，平台根据资源库提供的学习资源，为未通过游戏练习的学生推送讲解分析（见图7.8）。学生掌握知识要点后，再次答题，直至达到正确率后方可通过。

图7.7　进阶过滤设置

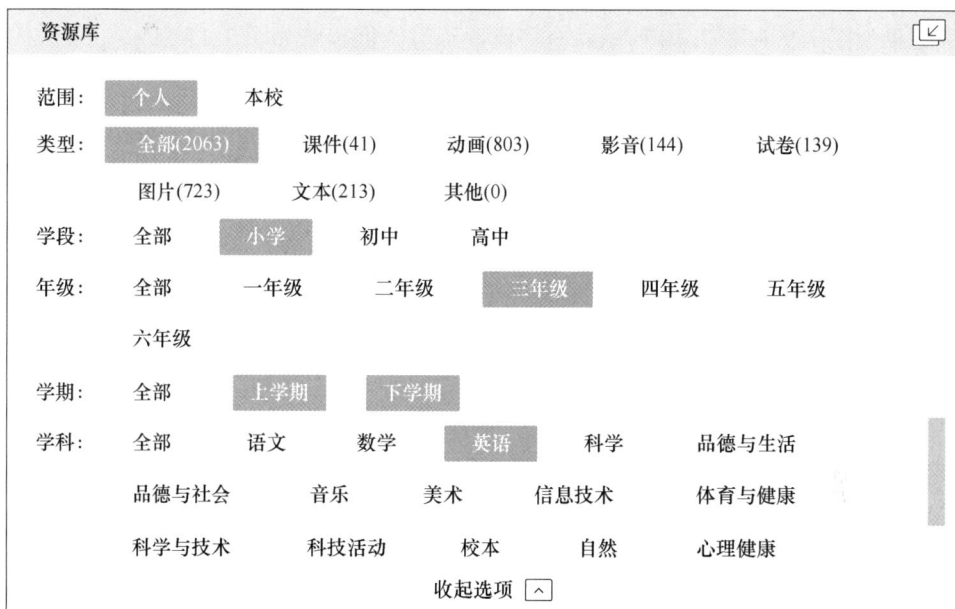

图 7.8 资源个性化推送

课后，教师应用智慧课堂学习系统教师端"即时反馈评价"技术向每位学生反馈课前和课中练习的答案和分析，并通过系统组织学生对课堂学习过程进行"总结评价"，应用"实时内容推送"技术为学生布置课后练习并推送拓展资源，让学生熟悉"taro（芋头）""aloevera（芦荟汁）""sweet bush lemon（甜灌木柠檬）"和"Cedar bay cherry（桂樱桃）"等词汇；学生应用"移动通信互联"技术在学习活动结束后评价反思学习过程，巩固学到的单词和句式，并根据系统推送的练习和资源进行知识内化和思维空间扩展。

（2）学生学习质量检测。由任课教师设计课程的测验卷，依托智慧课堂学习系统，检验学生的学习质量。测验卷包含 1 道连线题和 3 道选择题（见附录二）。

（3）学生个性化学习过程态度调查。依托智慧课堂学习系统，运用本书设计的学生个性化学习过程态度问卷，对学生进行问卷调查，检验学生对学习过程的感受和评价（见附录六）。

（4）学生学习能力调查。依托智慧课堂学习系统，运用本书设计的学生学习能力问卷，调查学生学习能力水平（见附录七）。

（二）学生学习质量检测结果与分析

根据智慧课堂学习系统"教学分析中心"模块跟踪数据，学生两次测验正确率全班整体由 68% 提升到了 73.68%，知识掌握率有了很大提高。两门课程测试结果如图 7.9 和图 7.10 所示；全班作业练习数据跟踪如图 7.11 所示。

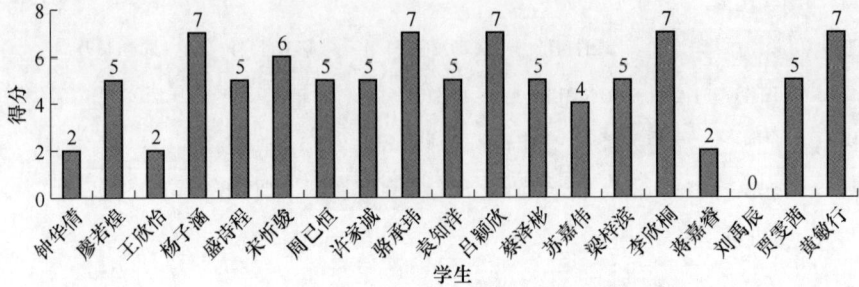

图 7.9　每位学生作业练习数据跟踪
（课程 "Finger Snapper" 测试）

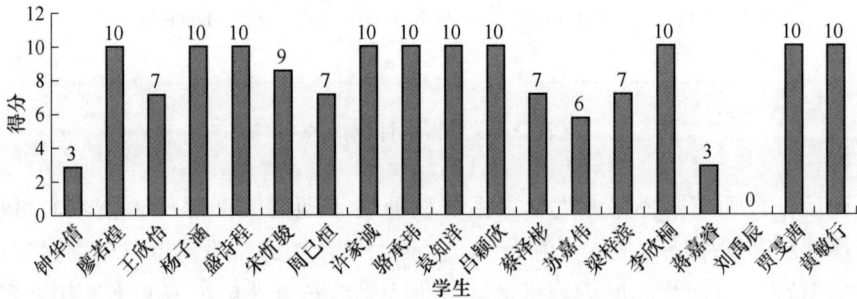

图 7.10　每位学生作业练习数据跟踪
（课程 "Rain Forest Food" 测试）

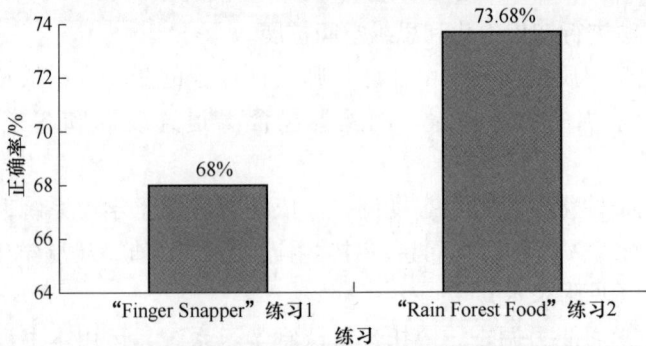

图 7.11　全班作业练习数据跟踪

本书利用 IBM SPSS Statistics 19.0 对学生前后两次测验成绩进行 t 检验，检验学生的学习成绩差异，结果见表7.1。

表7.1　个案一前测与后测的 t 检验结果

项　目		成　对　差　分					t	df	Sig.（双侧）
		均值	标准差	均值的标准误差	差分的95%置信区间				
					下限	上限			
对1	前测 - 后测	- 4.92481	4.01877	0.92197	- 6.86180	- 2.98783	- 5.342	18	0

从前测与后测的配对样本 t 检验结果可以看出，差异显著概率 Sig.（双侧）= 0 < 0.05，因此，前测与后测成绩差异显著。平均分值差为 - 4.924，后测的平均分比前测的平均分高。可以看出，应用智慧课堂学习模式和策略开展教学显著提高了学生学习质量。

（三）学生个性化学习过程态度调查数据分析

智慧课堂学习需要提供一切可能诱发兴趣的条件，体现个性化学习和因材施教，本书基于智慧课堂学习系统，应用智慧课堂学习模式与策略，编制智慧课堂学生个性化学习过程态度问卷，以了解学生对智慧课堂个性化学习过程的态度。问卷中7个指标描述分别与"优化个性化学习过程""提升个性化学习兴趣"两个评价维度相对应，设计了"很同意""较同意""一般""较不同意"和"很不同意"5个等级双向量表，问卷见附录六。

两次课堂学习后，教师分别运用智慧课堂的"即时反馈评价"功能，从提升个性化学习兴趣和优化个性化学习过程两个维度对全班19名同学进行个性化学习过程态度调查，系统第一次回收问卷17份，回收率89.4%，有效率100%；第二次回收问卷17份，回收率89.4%，有效率100%。

1. 学生个性化学习过程态度调查数据 X^2 检验

根据智慧课堂系统跟踪显示的学生个性化学习过程态度调查数据，本书利用 IBM SPSS Statistics 19.0 对两次调查中评价维度"提升个性化学习兴趣"和"优化个性化学习过程"的数据分组统计，并进行 X^2 检验，（ X^2 属于非参数假设检验，基于两个概率间的比较，适用于定性的、离散的称名变量的比较）检验两次学习后学生个性化学习过程态度的差异情况。

（1）"提升个性化学习兴趣"评价维度 X^2 检验。本书将两次学生问卷调查中，"提升个性化学习兴趣"评价维度对应的指标描述数据求和统计后，根据组别 * 态度交叉制表（见表7.2），运行 SPSS 软件进行 X^2 检验，其结果见表7.3。

从两次学生问卷调查"提升个性化学习兴趣"项目对应数据进行 X^2 检验的结果可以看出，渐进 Sig.（双侧）< 0.01，可以得知两次学生问卷调查数据差异非常显著。从数据可以看出，应用智慧课堂学习模式和策略开展教学，能显著提升

学生个性化学习兴趣。

表 7.2 "提升个性化学习兴趣"组别 ∗ 态度交叉制表

项　目		态　度					合计
		−2.00	−1.00	0.00	1.00	2.00	
组别	1.00	4	14	15	8	10	51
	2.00	0	0	7	15	29	51
合计		4	14	22	23	39	102

表 7.3 "提升个性化学习兴趣"X^2 检验结果

项　目	值	df	渐进 Sig.（双侧）
Pearson 卡方	32.296[a]	4	0.000
似然比	39.757	4	0.000
线性和线性组合	30.072	1	0.000
有效案例中的 N	102		

（2）"优化个性化学习过程"评价维度 X^2 检验。本书将两次问卷调查中"优化个性化学习过程"评价维度对应的指标描述数据求和统计后，根据组别 ∗ 态度交叉制表（见表 7.4），运行 SPSS 软件进行 X^2 检验，结果见表 7.5。

表 7.4 "优化个性化学习过程"组别 ∗ 态度交叉制表

项　目		态　度					合计
		1.00	2.00	3.00	4.00	5.00	
组别	1.00	5	12	17	10	24	68
	2.00	0	0	17	16	35	68
合计		5	12	34	26	59	136

表 7.5 "优化个性化学习过程"X^2 检验结果

项　目	值	df	渐进 Sig.（双侧）
Pearson 卡方	20.435[a]	4	0.000
似然比	27.027	4	0.000
线性和线性组合	13.446	1	0.000
有效案例中的 N	136		

从两次学生个性化学习过程态度调查"优化个性化学习过程"项目对应数据进行 X^2 检验的结果可以看出，渐进 Sig.（双侧）<0.01，可以得知两次学生个性化学习过程态度调查数据差异非常显著。从数据可以看出，应用智慧课堂学习

模式和策略开展教学，能显著优化学生个性化学习过程。

学生个性化学习过程态度调查数据 X^2 检验总体结果如表 7.6 所示。

表 7.6　个案一两次学生个性化学习过程态度调查数据 X^2 检验结果

项　　目	Pearson 卡方结果		
	值	df	渐进 Sig.（双侧）
提升个性化学习兴趣	32.296[a]	4	0.000
优化个性化学习过程	20.435[a]	4	0.000

从两次学生问卷调查两个评价维度对应的数据进行 X^2 检验的结果可以看出，渐进 Sig.（双侧）均小于 0.01 可知，两次学生问卷调查数据差异非常显著。从数据对比可以看出，应用智慧课堂学习模式和策略开展教学，能够显著提升学生个性化学习兴趣和优化学生个性化学习过程。

2. 学生个性化学习过程态度调查数据可视化分析

教师和学生在智慧课堂学习系统环境中应用智慧课堂学习模式与策略开展了英语阅读课 "Rain Forest Food" 的学习。智慧课堂学习系统对完成该课程学习的学生个性化学习态度调查数据进行了得分率统计，并通过图表进行可视化展示，现对系统统计数据进行分析如下。

（1）"提升个性化学习兴趣"调查。学生英语阅读课 "Rain Forest Food" "提升个性化学习兴趣"调查数据，通过智慧课堂学习系统可视化呈现如图 7.12 和图 7.13 所示。

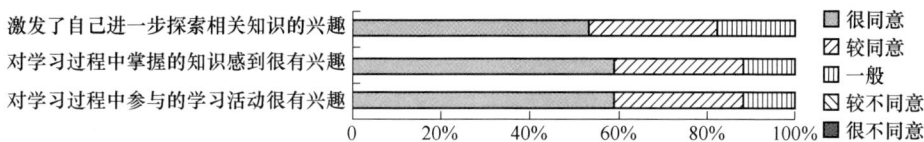

图 7.12　"提升个性化学习兴趣"调查数据可视化图

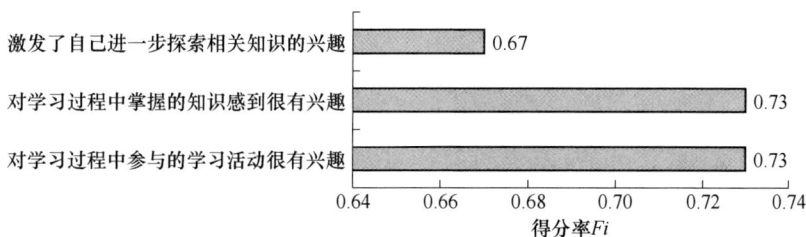

图 7.13　"提升个性化学习兴趣"调查数据得分率可视化图

系统数据统计结果显示，学生在"提升个性化学习兴趣"的评价维度，各题项得分率 F_i 均大于0，表明应用智慧课堂学习模式与策略能提升学生的个性化学习兴趣。根据观察，学生在课前、课中和课后的学习过程中，感到能被学习活动吸引注意力，并觉得所学知识对自己有实际意义，对整个学习过程基本感到满意，对学习模式适应。智慧课堂学习模式中的"进入学习情境"和"互动协作学习"学习活动设计，学习策略中的"认知互动"和"多元评价"策略，结合智慧课堂学习系统"游戏练习"功能的设计对学生个性化学习兴趣的提高、学习主动性的激发起到了一定效果。

（2）"优化个性化学习过程"调查。英语阅读课"Rain Forest Food""优化个性化学习过程"调查数据，通过智慧课堂学习系统可视化呈现如图7.14和图7.15所示。

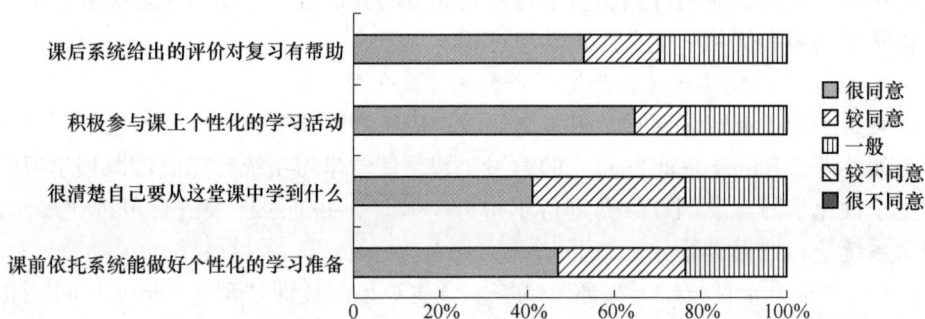

图 7.14　"优化个性化学习过程"调查数据可视化图

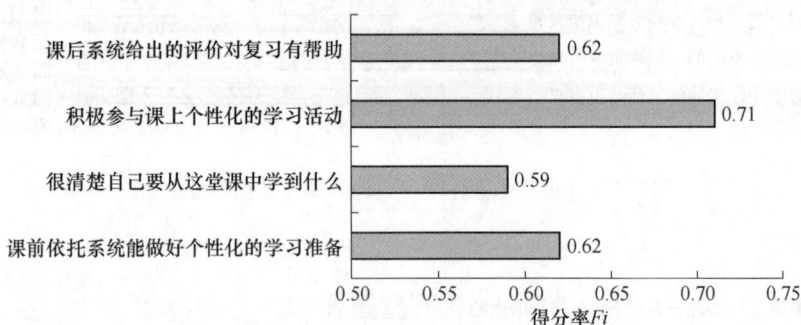

图 7.15　"优化个性化学习过程"调查数据得分率可视化图

系统数据统计结果显示，学生在"优化个性化学习过程"的评价维度，各题项得分率 F_i 均大于0，表明应用智慧课堂学习模式与策略能优化学生个性化学习过程。根据观察，学生在课前、课中和课后的学习过程中，学习的计划性、目的性、主动性、参与度和巩固反思情况良好。智慧课堂学习模式的"评价反思内化"设计,学习策略中的"形成性评价"和"总结性评价"策略,与智慧课堂学习系统的"反馈评价"功能相结合,对学生学习主动性的激发、学习自信的提高起到了促进作用。

（四）学生学习能力调查数据分析

本书根据智慧学习理论的启示提出,智慧学习要着重培养学生分析问题的能力、综合运用知识的能力、互动协作的能力、评价反思的能力、创造性解决问题的能力,以及个案中应用的智慧课堂学习模式中的自我分析、自主探究、情境创设、互动协作、评价反思和巩固扩展等学习活动设计,结合智慧课堂学习策略中的认知准备策略、认知互动策略、资源按需获取策略、资源动态生成策略、全过程评价策略和全数据评价策略等多个角度制定学生学习能力问卷。问卷中26个指标分别与"个性化学习能力""自主探究能力""知识建构能力""协作互动能力""信息资源创新能力"和"学习评价能力"6个评价维度相对应,问卷设计了"优秀""良好""中等""较差"和"很差"5个等级单向量表,问卷见附录七。

教师和学生在智慧课堂学习系统环境中应用智慧课堂学习模式与策略开展了英语阅读课"Rain Forest Food"的学习后,教师依托智慧课堂学习系统对全体19名学生学习能力提升情况进行了调查,系统回收问卷17份,回收率89.4%,有效率100%。调查结果数据分析如下。

1. 个性化学习能力调查数据分析

对学生个性化学习能力进行调查分析,形成数据表见表7.7。

表 7.7 学生个性化学习能力调查数据表

评价维度	指 标 描 述	优秀 5	良好 4	中等 3	较差 2	很差 1	得分率 F_i
个性化学习能力	获取与应用个性化学习资源						
	学习过程中能主动查找学习资源	8	4	5	0	0	0.84
	学习过程中能积极与同学共享自己的学习资源	7	6	4	0	0	0.84
	学习过程中能通过系统推送获取自己需要的学习资源	14	1	2	0	0	0.94
	学习过程中能对获得的学习资源进行分析	13	2	2	0	0	0.93
	提高个性化知识掌握率						
	学习过程中能掌握要学习的知识	10	5	2	0	0	0.89
	学习过程中掌握知识的速度较快	9	2	6	0	0	0.84
	学习过程中能运用掌握的知识解决问题	8	4	5	0	0	0.84

数据统计结果得分率 Fi 的平均值为 $0.87 > 0.5$，说明应用智慧课堂学习模式与策略显著提高了学生的个性化学习能力，具体体现在学生能获取与应用个性化学习资源和能提高个性化知识掌握率等。

2. 自主探究能力调查数据分析

对学生自主探究能力进行调查分析，形成数据表见表 7.8。

表 7.8　学生自主探究能力调查数据表

评价维度	指　标　描　述	优秀 5	良好 4	中等 3	较差 2	很差 1	得分率 Fi
自主探究能力	学习过程中能主动明确学习目标	10	4	3	0	0	0.88
	学习过程中能主动表达自我学习需求	10	5	2	0	0	0.89
	学习过程中根据系统反馈适时调整学习进度	12	3	2	0	0	0.92
	学习过程中能自我改进学习方法	12	4	1	0	0	0.93

数据统计结果得分率 Fi 的平均值为 $0.91 > 0.5$，说明应用智慧课堂学习模式与策略显著提高了学生的自主探究能力，具体体现在学生能主动明确学习目标、主动表达自我学习需求、根据系统反馈适时调整学习进度和自我改进学习方法等。

3. 知识建构能力调查数据分析

对学生知识建构能力进行调查分析，形成数据表见表 7.9。

表 7.9　学生知识建构能力调查数据表

评价维度	指　标　描　述	优秀 5	良好 4	中等 3	较差 2	很差 1	得分率 Fi
知识建构能力	学习过程中能够快速获取所需知识	10	6	1	0	0	0.91
	学习过程中能够分析和归纳知识	11	5	1	0	0	0.92
	学习过程遇到问题能从多角度思考	11	4	2	0	0	0.91
	学习过程中能主动发现问题并运用已学知识解决问题	10	4	3	0	0	0.88

数据统计结果得分率 Fi 的平均值为 0.91 > 0.5，说明应用智慧课堂学习模式与策略显著提高了学生的知识建构能力，具体体现在学生能快速获取所需知识、分析和归纳知识、遇到问题能从多角度思考和主动发现问题并运用已学知识解决问题等。

4. 协作互动能力调查数据分析

对学生协作互动能进行调查分析，形成数据表见表 7.10。

表 7.10　学生协作互动能力调查数据表

评价维度	指　标　描　述	优秀 5	良好 4	中等 3	较差 2	很差 1	得分率 Fi
协作互动 能力	学习过程中能主动与学习同伴、教师沟通	11	4	2	0	0	0.91
	学习过程中能主动提出自己的见解	8	6	3	0	0	0.86
	学习过程中能虚心听取并接纳同伴提出的不同见解	10	4	2	0	0	0.85
	学习过程中能主动分享学习经验	11	3	3	0	0	0.89
	学习过程中能利用系统工具和技术完成协作任务	11	4	2	0	0	0.91

数据统计结果得分率 Fi 的平均值为 0.88 > 0.5，说明应用智慧课堂学习模式与策略显著提高了学生的协作互动能力，具体体现在学生能主动与学习同伴、教师沟通、主动提出自己的见解、虚心听取并接纳同伴提出的不同见解、主动分享经验和利用系统技术完成协作探究任务等。

5. 信息资源创新能力调查数据分析

对学生信息资源创新能力进行调查分析，形成数据表见表 7.11。

表 7.11　学生信息资源创新能力调查数据表

评价维度	指　标　描　述	优秀 5	良好 4	中等 3	较差 2	很差 1	得分率 Fi
信息资源 创新能力	学习过程中能对信息资源进行设计	9	6	2	0	0	0.88
	学习过程中能完成信息资源的制作	10	3	3	1	0	0.86
	学习过程中能共享信息资源	10	5	2	0	0	0.89

数据统计结果得分率 Fi 的平均值为 0.88 > 0.5，说明应用智慧课堂学习模式与策略显著提高了学生的信息资源创新能力，具体体现在学生能对信息资源进行设计、制作信息资源和共享信息资源等。

6. 学习评价能力调查数据分析

对学生学习评价能力进行调查分析，形成数据表见表 7.12。

表 7.12　学生学习评价能力调查数据表

评价维度	指标描述	优秀 5	良好 4	中等 3	较差 2	很差 1	得分率 Fi
学习评价能力	学习过程中能根据系统评价对自我学习水平进行分析	13	3	1	0	0	0.94
	学习过程中能通过系统客观评价他人的表现	12	4	1	0	0	0.93
	学习过程中能主动参与系统中的学习评价活动	12	4	1	0	0	0.93

数据统计结果得分率 Fi 的平均值为 0.93 > 0.5，说明应用智慧课堂学习模式与策略显著提高了学生的学习评价能力，具体体现在学生能根据系统评价对自我学习水平进行分析、能通过系统客观评价他人的表现和能主动参与系统中的学习评价活动等。

综合上述数据分析结果可以得出如下结论：在课堂中应用智慧课堂学习模式与策略能够显著提高学生的个性化学习能力、自主探究能力、知识建构能力、协作互动能力、信息资源创新能力和学习评价能力。

（五）智慧课堂学习体验反馈

当学习活动结束后，教师可以运用智慧课堂学习系统的即时反馈评价功能在"老师空间"向全班学生发布研讨任务："请你谈谈这堂课学习后的感想。"（见图 7.16）学生当天在"学生空间"完成研讨任务。教师在研讨区查看全班学生对这堂课的学习体验反馈（见图 7.17 和图 7.18）。从反馈情况来看，大部分学生学习体验良好，学到了新知识，提升了学习兴趣。

三、智慧课堂试验结果

通过对智慧课堂小学英语阅读课学习个案试验数据进行分析，t 检验反映学生学习质量得到了提高；X^2 检验结合系统对学生态度数据的可视化分析，反映提升了学生的个性化学习兴趣和优化了学生个性化学习过程；得分率 Fi 数据统计反映学生学习能力提高了。综合学生的学习体验反馈及对教师的观察了解可

图 7.16　教师发布研讨任务

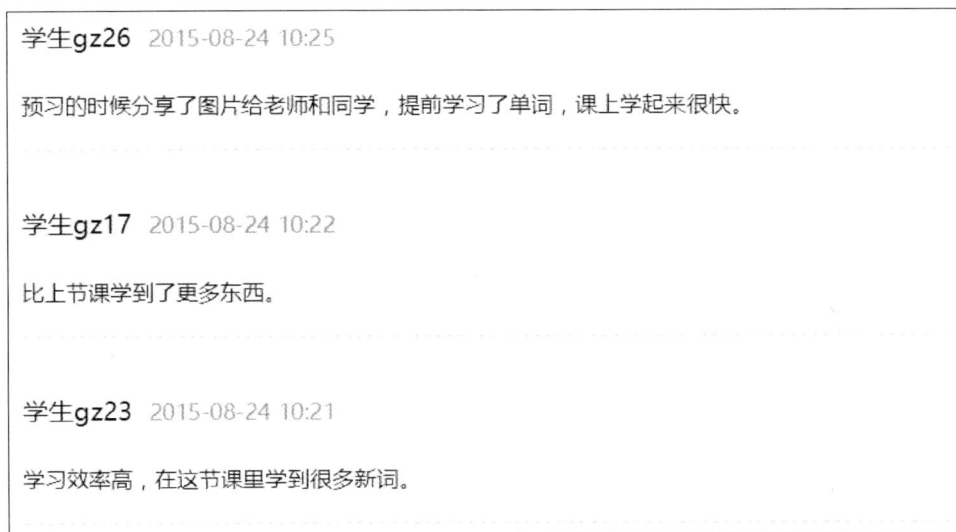

图 7.17　学生课堂学习体验反馈（1）

见，应用智慧课堂学习模式和策略能够提高学生学习质量；提升学生个性化学习兴趣，优化学生个性化学习过程；提高学生个性化学习能力、自主探究能力、知识建构能力、协作互动能力、信息资源创新能力和学习评价能力。

　　在试验实施阶段笔者发现，在课前学习过程中，教师除了通过系统的"实时内容推送"技术为不同学生推送不同的学习资源外，还会在学习资源推送前自发根据学习资源的不同媒体类型、不同难易程度进行划分后，再与学生共享；学生在学习过程中也将学习资源与学习伙伴共享。可见，在基于智慧课堂的学习模式

学生gz13　2015-08-24 10:40

今天学的内容都学会了。

学生gz08　2015-08-24 10:39

我喜欢今天老师上的课。

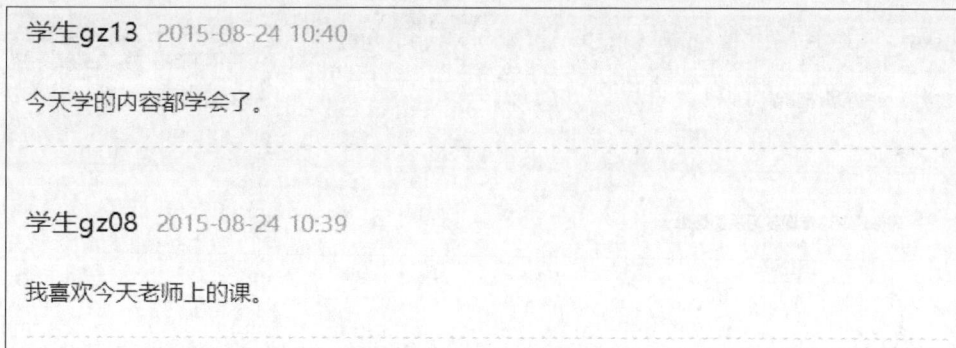

图 7.18　学生课堂学习体验反馈（2）

中，支撑学习的"资源分层共享"技术非常重要。

在本次试验过程中，前后测采用的是同一门课程中的两次不同的学习内容，两次课的学习内容关联性较弱，连续性不够强，在后续的试验过程中应进一步注意前后测内容的关联性和连续性。

第二节　数学课程智慧课堂学习效果研究

一、智慧课堂试验设计

（一）试验目的

本试验旨在验证智慧课堂学习模式与策略应用的效果。

（二）试验对象

本次试验对象为广州市云山小学四年级（4）班学习数学课程的 36 名小学生。

（三）试验变量

本次试验以智慧课堂学习模式与策略为自变量，以学习效果为因变量。

（四）试验假设

本次试验应用智慧课堂学习模式与策略，能够提高学生学习质量，提升学生个性化学习兴趣，优化学生个性化学习过程，提升学生学习能力。

（五）试验环境

本次试验应用智慧课堂学习系统作为学习的系统环境。

（六）试验过程

本次试验采用单组的前测与后测和问卷调查来验证应用智慧课堂学习模式与策略的有效性。前测由教师在智慧课堂学习系统环境中未应用智慧课堂学习模式与策略开展教学；后测由教师在智慧课堂学习系统环境中应用智慧课堂学习模式与策略开展教学后进行。

1. 前测内容

前测由教师在智慧课堂学习系统环境中未应用智慧课堂学习模式与策略讲解"垂直与平行"教学内容，具体步骤如下。

（1）课程学习。由数学课"垂直与平行"任课教师讲解垂直与平行的含义，揭示互相平行概念，揭示垂直的概念，结合生活场景加深学生理解。

（2）学生学习质量检测。由研究者配合任课教师设计课程的测验卷，检验学生的学习质量。测验卷包含 2 道大题和 11 道小题。

（3）学生个性化学习过程态度调查。依托智慧课堂学习系统，运用本书设计的学生个性化学习过程态度问卷检验学生对学习过程的感受和评价。

2. 后测内容

后测内容由教师在智慧课堂学习系统环境中应用智慧课堂学习模式与策略引导学生开展数学课"画垂线"的学习，具体步骤如下。

（1）学习共同体设计。课前，学生之间组成学习伙伴与教师一起设定学习目标为：学会用三角板准确地画垂线；通过动手操作活动，使学生经历画垂线过程；通过活动，让学生体验学习乐趣，提高学习兴趣。

（2）学习活动设计。在学习活动设计中融入智慧课堂学习模式与策略，具体方案如下。

1）预习，画垂线分析，视频分享。

2）游戏导入，创设情境。

3）点评课前预习情况，导学案汇报。

4）掌握过已知点画垂线技能，完成以下两个任务。

任务 1：教师推送资源，学生观看资源，同时完成提纲，拍照上传；

任务 2：小组讨论，根据提纲画出对应的垂线，拍摄视频，提交。

5）分组汇报，小结实时互评。

6）完成推送进阶练习及调查，实时显示答题进度，实时发送答题成绩和调查结果，小结评价。

7）学生使用 PMIQ（学习收获、不足之处、感兴趣的问题、还存在的疑惑）方法自我总结。

8）完成课后任务。

（3）智慧课堂学习环境设计。依托智慧课堂学习系统实时推送学习资源，采集学生数据，展开实时互评，推送进阶游戏练习，实时显示答题进度，对答题成绩和调查结果进行可视化分析，实时拍摄、共享视频。

（4）学习过程设计。课前，学生预习，画已知直线的垂线，拍照上传。分享画垂线视频分享，找出画法的疑惑，带着问题进行下一步的学习。课中，学生通过"猴子摘桃"游戏创设学习情境，依托任务及练习，互动学习。课后，学生进入"学生空间"及时进行评价和反思，练习系统推送扩展习题，巩固所学知识。

（5）学生学习质量检测。由研究者配合任课教师设计课程的测验卷，检验学生的学习质量。测验卷包含 2 道大题和 12 道小题。

（6）学生个性化学习过程态度调查。依托智慧课堂学习系统，运用本书设计的学生个性化学习过程态度问卷检验学生对学习过程的感受和评价。

（7）学生学习能力调查。依托智慧课堂学习系统，运用本书设计的学生学习能力问卷调查学生学习能力水平。

二、智慧课堂试验实施与数据分析

（一）智慧课堂试验实施

本次试验采用前后测对比研究。前测由教师在智慧课堂学习系统环境中未应用智慧课堂学习模式与策略讲解学习内容；后测由教师在智慧课堂学习系统环境中应用智慧课堂学习模式与策略引导学生学习。

1. 前测实施

前测内容由教师在智慧课堂学习系统环境中未应用智慧课堂学习模式与策略讲解"垂直与平行"课程内容，具体步骤如下。

（1）课程学习。由数学课"垂直与平行"任课教师讲解垂直与平行的含义，揭示互相平行概念，揭示垂直的概念，结合生活场景加深理解。

（2）学生学习质量检测。由任课教师设计课程的测验卷，检验学生的学习质量。测验卷包含 2 道大题和 12 道小题（见附录三）。

（3）学生个性化学习过程态度调查。依托智慧课堂学习系统，运用本书设计的学生个性化学习过程态度问卷检验学生对学习过程的感受和评价（见附录六）。

2. 后测实施

后测内容由教师在智慧课堂学习系统环境中应用智慧课堂学习模式与策略，形成"智趣游戏，激发学趣—自主探究，学习新知—练习巩固，加深理解—全课小结，课后延伸"的教学流程，引导学生开展数学课"画垂线"的学习。教学活动现场如图 7.19 所示。

图 7.19　教学活动现场图

后测实施的具体步骤如下。

（1）课程学习。课前，教师为了解每个学生对"画垂线"课程相关知识的认知水平，通过智慧课堂学习系统为每位学生推送"画垂线"视频，让学生预习即将学习的内容：画已知直线的垂线，并布置"画垂线"任务单，学生完成任务单后拍照上传系统，与学习伙伴共享学习成果，并分享学习心得，找出对画法的疑惑，带着问题进行下一阶段的学习，实现自主探究分享。教师分析学生任务单，向未充分理解的学生群推送正确的学生"画垂线"视频，激发学生对画法的重视，帮助学生理解垂线可以穿过或者不穿过已知直线，垂线的位置是不固定的，满足这种情况的直线有无数条。图 7.20 所示为学生拍摄的画垂线任务单。

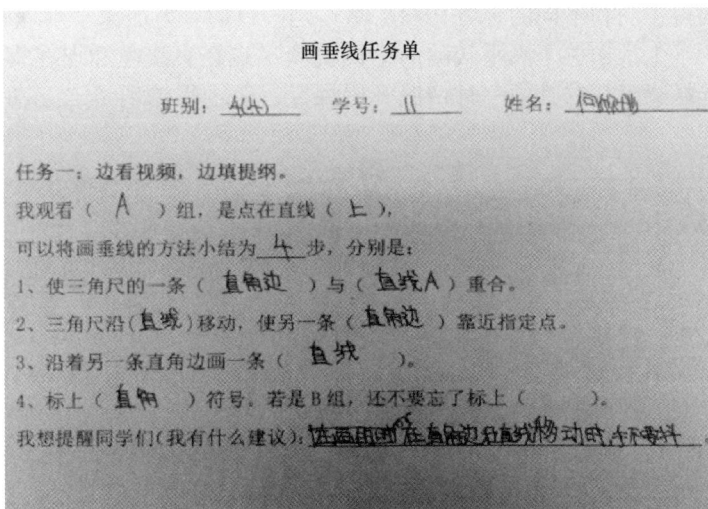

图 7.20　学生拍摄的画垂线任务单

　　课中，教师首先通过智趣游戏激发学生兴趣。通过电子白板和平板电脑实时屏幕广播"猴子摘桃"游戏创设学习情境（见图 7.21），激发学生关注当"藤"与"桃子"互相垂直时，猴子可以摘到桃子，与学生互动，引起关注。小结画法为：重合、画和标。

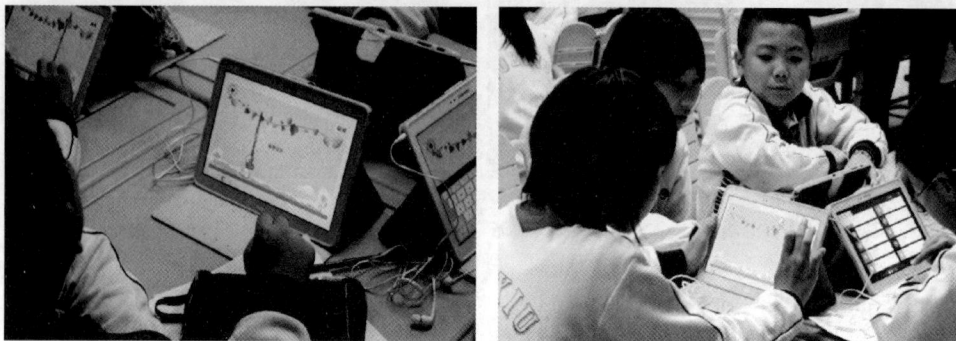

图 7.21　学生进行"猴子摘桃"游戏

　　教师组织学生自主探究，学习新知。教师引导学生完成两个任务，掌握过已知点画垂线。任务一：老师推送资源，学生观看资源，同时完成提纲，拍照上传；任务二：学生小组讨论，根据提纲画出对应的垂线，拍摄"画垂线"的微视频并配合解说，提交系统共享。教师实时监控学生任务完成情况，在电子白板上实时分屏发布学生上传的微视频，组织学生反复观看微视频，在系统中对拍摄的微视频进行组内互评（见图 7.22）。学生完成任务后，教师将学生分为 A、B 两组分别汇报提纲和分享"画垂线"微视频（见图 7.23）。教师引导学生总结这两种情况画得相同和不同的地方，画法基本是一致的。为加深学生理解，教师为完成任务的学生推送关于画垂线的两个微视频（点在直线上和点在直线外），由学生自主选择感兴趣的其中一种情况开展探究，全过程体现了"互动协作学习"的特点。

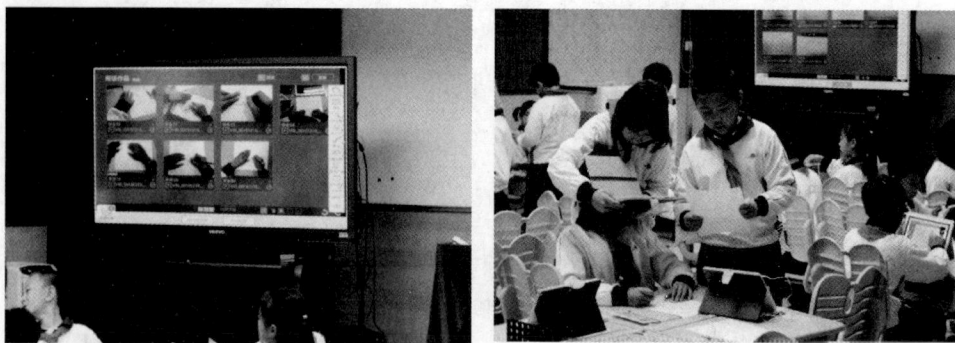

图 7.22　实时分屏共享

图 7.23 分享"画垂线"微视频

接着教师组织学生练习巩固,加深对知识点的理解。教师利用智慧课堂学习系统的游戏闯关功能自动生成练习游戏"丛林探险",并推送至学生端,推送的题型为 4 道选择题,如下:

课中"丛林探险"游戏练习题:
1. 同一平面内,两条直线的位置关系有( )。
A. 2 种   B. 3 种   C. 无数种
2. 把一张长方形纸上下对折一次,再左右对折一次,打开后折痕( )。
A. 相互平行   B. 相互垂直   C. 无法判断
3. 在同一平面内,任意一条直线的垂线有( )条。
A. 1   B. 2   C. 无数
4. 过直线外一点可以画( )条这条已知直线的垂线。
A. 2   B. 1   C. 无数

设置进阶规则为答题正确率不低于"80%",学生答题后,系统自动为未过关学生推送解题思路。学生掌握知识要点后再次答题,直至达到正确率后方可进阶。"丛林探险"游戏练习情境创设如图 7.24 所示。

在学生答题过程中,教师通过系统"即时反馈评价"技术实时监控每位学生的练习完成情况,应用系统"智能学习分析"技术查看每位学生的闯关情况,即时检查垂线画法的掌握程度,肯定学生学习态度,激发学生学习的热情(见图 7.25)。学生作答情况实时动态监控如图 7.26 所示。

课后,教师通过系统推送引导 PMIQ 图(P-Plus:学习收获,M-Minus:不足之处,I-Interesting:我感兴趣的内容,Q-Question:我感到疑惑的问题)组织学生在"学生空间"中对整堂课进行总结反思和思维拓展。教师将作业提纲上传系统中的班级空间,让学生依据提纲完成作业,巩固课堂所学,学生完成作业

图 7.24 "丛林探险"游戏练习情境创设

后可以通过系统提交给老师，促进学生知识内化，实现"全课小结，课后延伸"。

（2）学生学习质量检测。由任课教师设计课程的测验卷检验学生的学习质量。测验卷包含 2 道大题和 11 道小题（见附录四）。

（3）学生个性化学习过程态度调查。依托智慧课堂学习系统，运用本书设计的学生个性化学习过程态度问卷检验学生对学习过程的感受和评价（见附录六）。

（4）学生学习能力调查。依托智慧课堂学习系统，运用本书设计的学生学习能力问卷调查学生学习能力水平（见附录七）。

图 7.25　游戏练习情况全过程动态监控

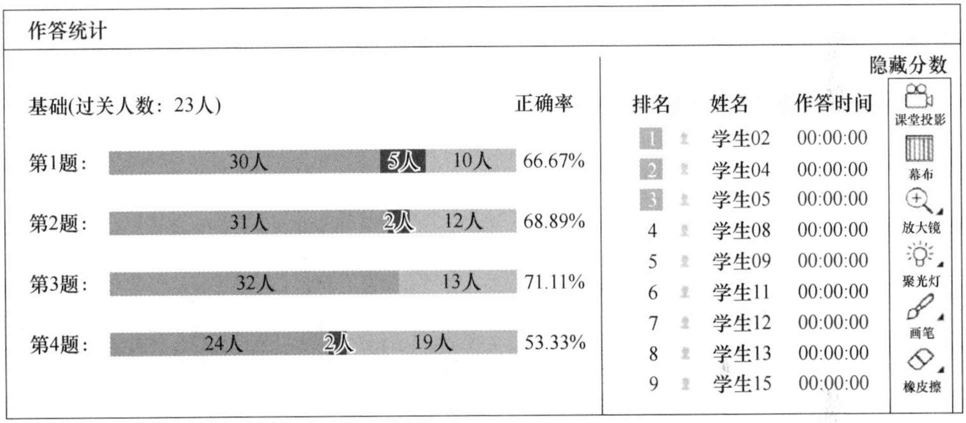

图 7.26　学生作答情况实时动态监控

（二）学生学习质量检测结果与分析

根据智慧课堂学习系统"教学分析中心"模块跟踪数据（见图 7.27 和图 7.28），学生两次测验正确率全班整体由 91.7% 提升到了 94.5%（见图 7.29），知识掌握率有了很大提高。

本书利用 IBM SPSS Statistics 19.0 对学生前后两次测验成绩进行 t 检验，检验学生的学习成绩差异。结果如表 7.13 所示。

表 7.13　个案二前测与后测的 t 检验结果

项　目		成　对　差　分					t	df	Sig.（双侧）
		均值	标准差	均值的标准误差	差分的95%置信区间				
					下限	上限			
对1	前测－后测	−2.85714	8.34784	1.28810	−5.45851	−0.25577	−2.218	41	0.032

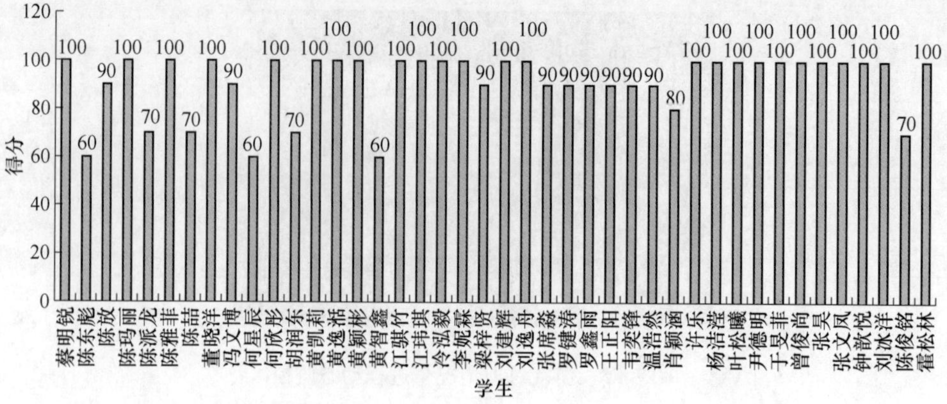

图 7.27　每位学生作业练习数据跟踪（"平行与垂直"课程测试）

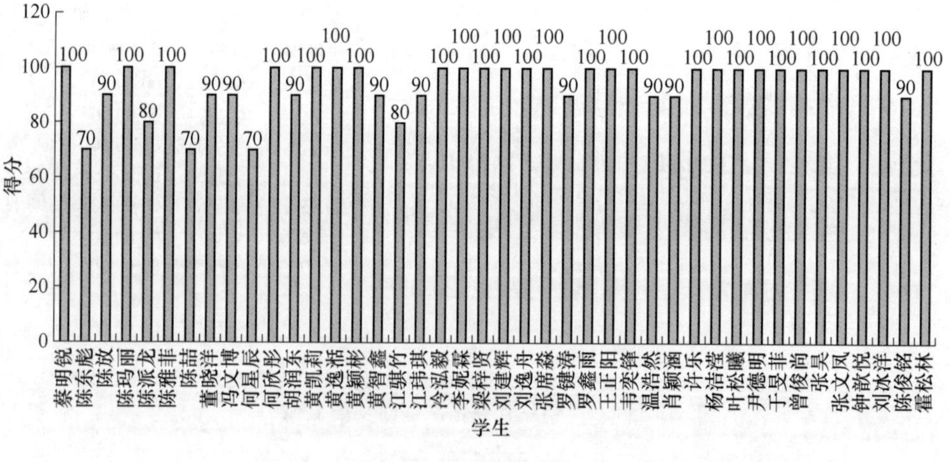

图 7.28　每位学生作业练习数据跟踪（"画垂线"课程测试）

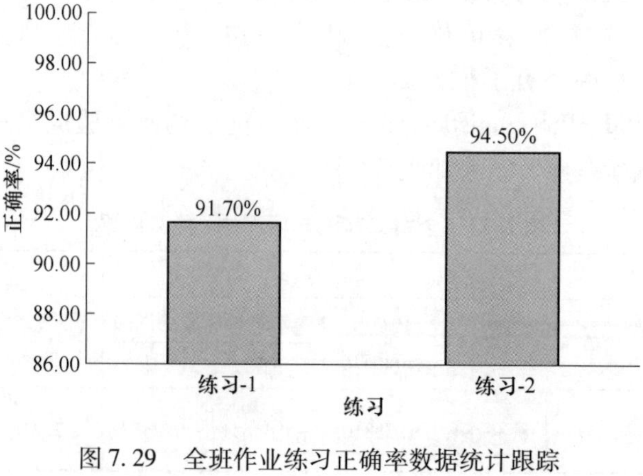

图 7.29　全班作业练习正确率数据统计跟踪

从前测与后测的配对样本 t 检验结果可以看出，差异显著概率 Sig.（双侧）=
0.032 < 0.05，因此，前测与后测成绩差异显著。平均分值差为 −2.85714，后测的
平均分比前测的平均分高。可以看出，应用智慧课堂学习模式和策略开展教学显
著提高了学生学习质量。

（三）学生个性化学习过程态度调查数据分析

两次课堂学习后，教师分别运用智慧课堂的"即时反馈评价"功能，对全
体 36 名同学进行个性化学习过程态度调查，系统第一次回收问卷 36 份，回收率
100%，有效率 100%；第二次回收问卷 36 份，回收率 100%，有效率 100%。

1. 学生个性化学习过程态度调查数据 X^2 检验

根据智慧课堂学习系统跟踪显示的学生态度调查数据，笔者利用 IBM SPSS
Statistics 19.0 对两次调查中评价维度"提升个性化学习兴趣"和"优化个性化
学习过程"的数据分组统计，并进行 X^2 检验，检验两次学习后学生态度的差异
情况。

（1）"提升个性化学习兴趣"评价维度 X^2 检验。本书将两次学生问卷调查
中，"提升个性化学习兴趣"评价维度对应的指标描述数据求和统计后，根据组
别 * 态度交叉制表（见表 7.14），运行 SPSS 软件进行 X^2 检验，其结果见
表 7.15。

表 7.14　"提升个性化学习兴趣"组别 * 态度交叉制表

项　目		态　度				合计
		−1.00	0.00	1.00	2.00	
组别	1.00	13	29	31	35	108
	2.00	0	17	40	51	108
合计		13	46	71	86	216

注：在至少一个个案中，加权变量值为零。这类个案对于统计过程和需要正向加权个案的图形不
可见。

表 7.15　"提升个性化学习兴趣" X^2 检验结果

项　目	值	df	渐进 Sig.（双侧）
Pearson 卡方	20.248[a]	3	0.000
似然比	25.327	3	0.000
线性和线性组合	15.853	1	0.000
有效案例中的 N	216		

从两次学生问卷调查"提升个性化学习兴趣"项目对应数据进行 X^2 检验的
结果可以看出，渐进 Sig.（双侧）< 0.01，可以得知两次学生问卷调查数据差异非
常显著。从数据可以看出，应用智慧课堂学习模式和策略开展教学，能显著提升

学生个性化学习兴趣。

（2）"优化个性化学习过程"评价维度 X^2 检验。本书将两次学生问卷调查中"优化个性化学习过程"评价维度对应的指标描述数据求和统计后，根据组别 * 态度交叉制表（见表 7.16），运行 SPSS 软件进行 X^2 检验，结果见表 7.17。

表 7.16　"优化个性化学习过程"组别 * 态度交叉制表

项　目		态　度					合计
		1.00	2.00	3.00	4.00	5.00	
组别	1.00	1	25	36	34	48	144
	2.00	0	0	35	35	74	144
合计		1	25	71	69	122	288

表 7.17　"优化个性化学习过程" X^2 检验结果

项　目	值	df	渐进 Sig.（双侧）
Pearson 卡方	31.570[a]	4	0.000
似然比	41.656	4	0.000
线性和线性组合	21.119	1	0.000
有效案例中的 N	288		

从两次学生问卷调查"优化个性化学习过程"项目对应数据进行 X^2 检验的结果可以看出，渐进 Sig.（双侧）< 0.01，可以得知两次学生问卷调查数据差异非常显著。从数据可以看出，应用智慧课堂学习模式和策略开展教学，能显著优化个性化学习过程。

学生个性化学习过程态度调查数据 X^2 检验总体结果如表 7.18 所示。

表 7.18　个案二两次学生个性化学习过程态度调查数据 X^2 检验结果

项　目	Pearson 卡方结果		
	值	df	渐进 Sig.（双侧）
提升个性化学习兴趣	20.248[a]	3	0.000
优化个性化学习过程	31.570[a]	4	0.000

从两次学生问卷调查两个评价维度对应的数据进行 X^2 检验的结果可以看出，渐进 Sig.（双侧）均小于 0.01 可知，两次学生问卷调查数据差异非常显著。从数据对比可以看出，应用智慧课堂学习模式和策略开展教学，能够显著提升学生个性化学习兴趣和优化学生个性化学习过程。

2. 学生个性化学习过程态度调查数据可视化分析

教师和学生在智慧课堂学习系统环境中应用智慧课堂学习模式与策略开展了

数学课"画垂线"的学习。智慧课堂学习系统对完成该课程学习的学生个性化学习态度调查数据进行了统计，并通过图表进行可视化展示，现对系统统计数据进行分析。

（1）"提升个性化学习兴趣"调查。学生数学课"画垂线""提升个性化学习兴趣"调查数据，通过智慧课堂学习系统可视化呈现如图7.30和图7.31所示。

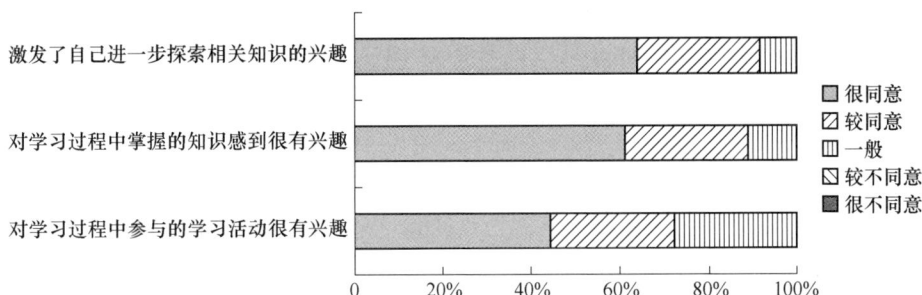

图7.30　"提升个性化学习兴趣"数据可视化图

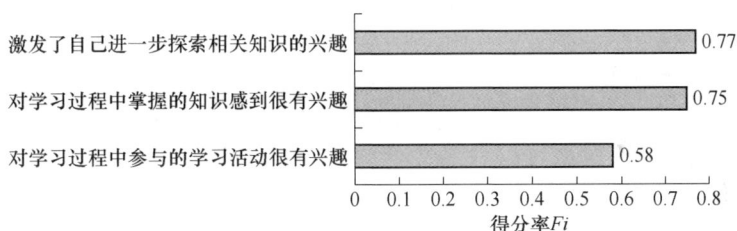

图7.31　"提升个性化学习兴趣"得分率可视化图

系统数据统计结果显示，学生在"提升个性化学习兴趣"的评价维度，各题项得分率 F_i 均大于0。表明应用智慧课堂学习模式与策略能显著提升学生的个性化学习兴趣。根据观察，学生在课前、课中和课后的学习过程中，感到能被学习活动吸引注意力，并觉得所学知识对自己有实际意义，对整个学习过程基本感到满意，对学习模式适应。智慧课堂学习模式中的"进入学习情境"和"互动协作学习"学习活动设计，学习策略中的"认知互动"和"多元评价"策略，结合智慧课堂学习系统"游戏练习"功能的设计对学生学习兴趣的提高、学习主动性的激发起到了一定效果。

（2）"优化个性化学习过程"调查。学生数学课"画垂线""优化个性化学习过程"调查数据，通过智慧课堂学习系统可视化呈现如图7.32和图7.33所示。

系统数据统计结果显示，学生在"优化个性化学习过程"的评价维度，各

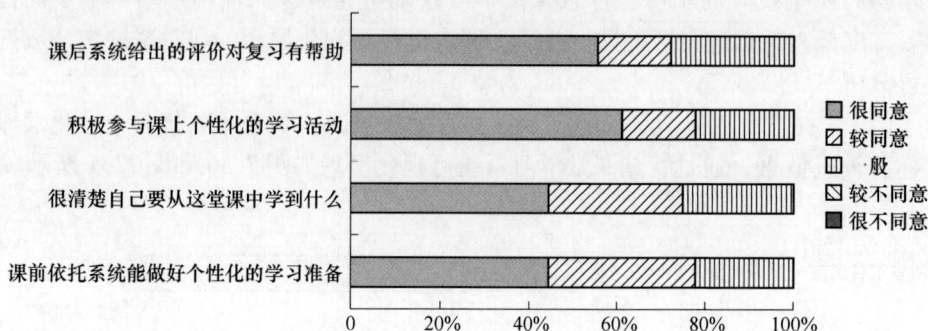

图 7.32　"优化个性化学习过程"调查数据可视化图

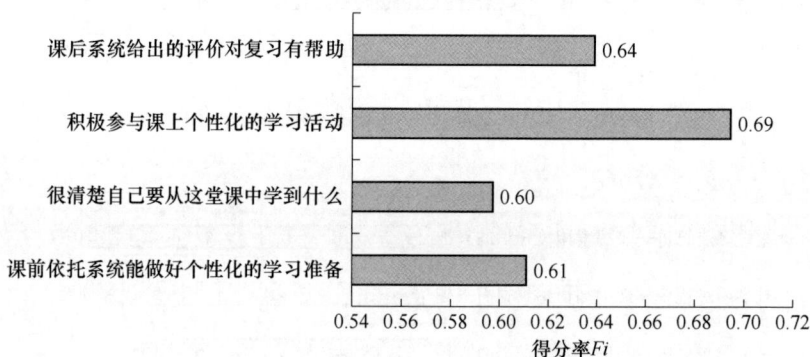

图 7.33　"优化个性化学习过程"调查数据得分率可视化图

题项得分率 F_i 均大于 0。表明应用智慧课堂学习模式与策略能显著优化学生学习过程。根据观察，智慧课堂学习模式的"评价反思内化"设计，学习策略中的"认知准备""形成性评价"和"总结性评价"策略，与智慧课堂学习系统的"反馈评价"功能相结合，对学生学习主动性的激发、学习自信的提高起到了促进作用。学生在课前、课中和课后的学习过程中，学习的计划性、目的性、主动性、参与度和巩固反思情况良好。

（四）学生学习能力调查数据分析

教师和学生在智慧课堂学习系统环境中，应用智慧课堂学习模式与策略，开展了数学课"画垂线"的学习后，教师依托智慧课堂学习系统对全体 36 名学生学习能力提升情况进行了调查，系统回收问卷 36 份，回收率 100%，有效率 100%。调查结果数据分析如下。

1. 个性化学习能力调查数据分析

对学生个性化学习能力进行调查分析，形成数据表见表 7.19。

表 7.19 学生个性化学习能力调查数据表

评价维度	指标描述		优秀 5	良好 4	中等 3	较差 2	很差 1	得分率 Fi
个性化学习能力	获取与应用个性化学习资源	学习过程中能主动查找学习资源	16	10	10	0	0	0.83
		学习过程中能积极与同学共享自己的学习资源	16	12	8	0	0	0.84
		学习过程中能通过系统推送获取自己需要的学习资源	28	4	4	0	0	0.93
		学习过程中能对获得的学习资源进行分析	26	6	4	0	0	0.92
	提高个性化知识掌握率	学习过程中能掌握要学习的知识	24	8	4	0	0	0.91
		学习过程中掌握知识的速度较快	20	4	12	0	0	0.84
		学习过程中能运用掌握的知识解决问题	15	13	8	0	0	0.84

数据统计结果得分率 Fi 的平均值为 0.87 > 0.5，说明应用智慧课堂学习模式与策略显著提高了学生的个性化学习能力，具体体现在学生能获取与应用个性化学习资源和能提高个性化知识掌握率等。

2. 自主探究能力调查数据分析

对学生自主探究能力进行调查分析，形成数据表见表 7.20。

表 7.20 学生自主探究能力调查数据表

评价维度	指标描述	优秀 5	良好 4	中等 3	较差 2	很差 1	得分率 Fi
自主探究能力	学习过程中能主动明确学习目标	24	8	4	0	0	0.91
	学习过程中能主动表达自我学习需求	22	9	5	0	0	0.89
	学习过程中根据系统反馈适时调整学习进度	26	7	3	0	0	0.93
	学习过程中能自我改进学习方法	21	9	5	1	0	0.88

数据统计结果得分率 F_i 的平均值为 $0.9 > 0.5$，说明应用智慧课堂学习模式与策略显著提高了学生的自主探究能力，具体体现在学生能主动明确学习目标，主动表达自我学习需求，根据系统反馈适时调整学习进度和自我改进学习方法等。

3. 知识建构能力调查数据分析

对学生知识建构能力进行调查分析，形成数据表见表 7.21。

表 7.21　学生知识建构能力调查数据表

评价维度	指　标　描　述	优秀 5	良好 4	中等 3	较差 2	很差 1	得分率 F_i
知识建构能力	学习过程中能够快速获取所需知识	26	7	3	0	0	0.93
	学习过程中能够分析和归纳知识	21	9	5	1	0	0.88
	学习过程遇到问题能多角度思考	21	9	6	0	0	0.88
	学习过程中能主动发现问题并运用已学知识解决问题	21	9	5	1	0	0.88

数据统计结果得分率 F_i 的平均值为 $0.89 > 0.5$，说明应用智慧课堂学习模式与策略显著提高了学生的知识建构能力，具体体现在学生能快速获取所需知识、分析和归纳知识、遇到问题多角度思考和主动发现问题并运用已学知识解决问题等。

4. 协作互动能力调查数据分析

对学生协作互动能力进行调查分析，形成数据表见表 7.22。

表 7.22　学生协作互动能力调查数据表

评价维度	指　标　描　述	优秀 5	良好 4	中等 3	较差 2	很差 1	得分率 F_i
协作互动能力	学习过程中能主动与学习同伴、教师沟通	24	8	4	0	0	0.91
	学习过程中能主动提出自己见解	22	8	6	0	0	0.89
	学习过程中能虚心听取并接纳同伴提出的不同见解	23	8	5	0	0	0.90
	学习过程中能主动分享学习经验	23	9	4	0	0	0.91
	学习过程中能利用系统工具和技术完成协作任务	22	10	4	0	0	0.90

数据统计结果得分率 Fi 的平均值为 0.9 > 0.5，说明应用智慧课堂学习模式与策略显著提高了学生的协作互动能力，具体体现在学生能主动与学习同伴和教师沟通、主动提出自己见解、虚心听取并接纳同伴提出的不同见解、主动分享经验和利用系统技术完成协作探究任务等。

5. 信息资源创新能力调查数据分析

对学生信息资源创新能力进行调查分析，形成数据表见表7.23。

表7.23　学生信息资源创新能力调查数据表

评价维度	指　标　描　述	优秀 5	良好 4	中等 3	较差 2	很差 1	得分率 Fi
信息资源创新能力	学习过程中能对信息资源进行设计	22	8	6	0	0	0.89
	学习过程中能完成信息资源的制作	21	8	7	0	0	0.88
	学习过程中能共享信息资源	23	10	3	0	0	0.91

数据统计结果得分率 Fi 的平均值为 0.89 > 0.5，说明应用智慧课堂学习模式与策略显著提高了学生的信息资源创新能力，具体体现在学生能设计信息资源、制作信息资源和共享信息资源等。

6. 学习评价能力调查数据分析

对学生学习评价能力进行调查分析，形成数据表见表7.24。

表7.24　学生学习评价能力调查数据表

评价维度	指　标　描　述	优秀 5	良好 4	中等 3	较差 2	很差 1	得分率 Fi
学习评价能力	学习过程中能根据系统评价对自我学习水平进行分析	16	11	6	3	0	0.82
	学习过程中能通过系统客观评价他人的表现	18	8	6	5	0	0.83
	学习过程中能主动参与系统中的学习评价活动	14	12	8	2	0	0.81

数据统计结果得分率 Fi 的平均值为 0.82 > 0.5，说明应用智慧课堂学习模式与策略显著提高了学生的学习评价能力，具体体现在学生能根据系统评价对自我学习水平进行分析、能通过系统客观评价他人的表现和能主动参与系统中的学习评价活动等。

根据上述数据分析结果可以得出如下结论：在课堂中应用智慧课堂学习模式

与策略显著提高了学生个性化学习能力、自主探究能力、知识建构能力、协作互动能力、信息资源创新能力和学习评价能力。

（五）智慧课堂学习体验反馈

当学习活动结束后，教师可以运用智慧课堂的即时反馈评价功能在"老师空间"向全班学生发布研讨任务："请你结合 PMIQ 图，谈谈这堂课的学习感受。"（见图 7.34）学生当天在"学生空间"完成研讨任务。教师在研讨区查看全班学生对这堂课的学习体验反馈（见图 7.35）。从反馈情况来看，大部分学生学习体验良好，学到了新知识，提升了学习兴趣。

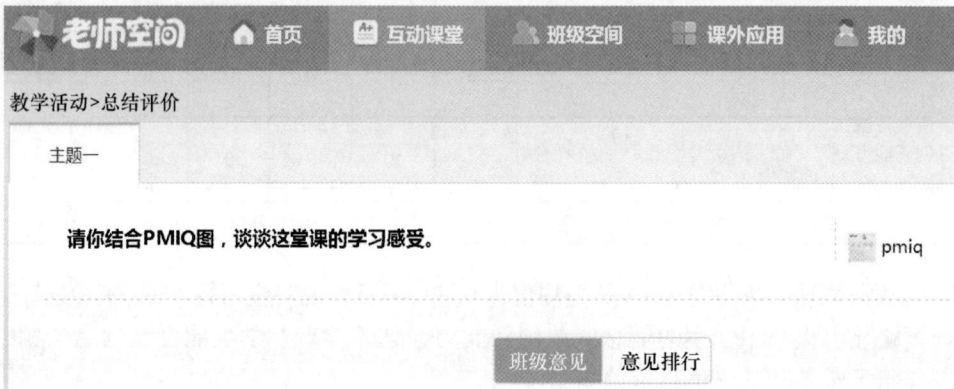

图 7.34　教师发布研讨任务

三、智慧课堂试验结果

通过对智慧课堂小学"数学"课学习个案试验数据进行分析，t 检验反映学生学习质量得到了提高；X^2 检验结合系统对学生态度数据的可视化分析，反映提升了学生的个性化学习兴趣和优化了学生个性化学习过程；得分率 Fi 数据统计反映学生学习能力提高了。综合学生的学习体验反馈以及对教师的观察了解可见，应用智慧课堂学习模式和策略能够提高学生学习质量；提升学生个性化学习兴趣，优化学生个性化学习过程；提高学生个性化学习能力、自主探究能力、知识建构能力、协作互动能力、信息资源创新能力和学习评价能力。

在试验实施的后测实施阶段笔者发现，在课前学习过程中，学生除了完成测验，自主探究以外，还会查看学习伙伴共享的学习成果，与自己完成的测验进行比对，并在比对过程中产生疑问，带着疑问进入下一阶段的学习。在这个学习过程中自然出现了学生对自我学习状态反思检验的情景，体现了智慧课堂学习模式学生与学习伙伴课前学习活动的"自我检测分析"的目的。

此外，在本次试验中，教师充分运用智慧课堂系统对学习过程进行可视化的

学生gz17 2015-06-24 16:13

我学会了知识，还想学习怎么画平行线。

学生gz05 2015-06-24 16:12

我学会了点在直线上，和点在直线外的垂线画法。

学生gz17 2015-06-24 16:11

我在学习活动中学会了垂线画法，还和同学们分享了画垂线的视频。

学生gz04 2015-06-24 16:09

在游戏练习中我学会了垂线的画法，我想学怎么画平行线。

sgz01 2015-06-24 16:08

我学会了如何画垂线。

图 7.35 学生课堂学习体验反馈

动态监控，对学生学习进度、学习水平进行实时了解；还基于系统对学生学习数据全时记录所形成的数据资源采用"智能分析技术"进行分析，随时进行可视化查看，体现了智慧课堂学习策略中的多元评价策略。后续试验可借鉴以上方式进一步运用。

第三节 语文课程智慧课堂学习效果研究

一、智慧课堂试验设计

（一）试验目的
本试验旨在验证智慧课堂学习模式与策略应用的效果。

（二）试验对象
本次试验对象为广州市七中高一年级（1）班学习语文课程的 36 名中学生。

（三）试验变量

本次试验以智慧课堂学习模式与策略为自变量，以学习效果为因变量。

（四）试验假设

本次试验应用智慧课堂学习模式与策略，能够提高学生学习质量，提升学生个性化学习兴趣，优化学生个性化学习过程，提升学生学习能力。

（五）试验环境

本次试验应用智慧课堂学习系统作为学习的系统环境。

（六）试验过程

本次试验采用单组的前测与后测和问卷调查来验证应用智慧课堂学习模式与策略的有效性。前测为教师在智慧课堂学习系统环境中未应用智慧课堂学习模式与策略开展教学；后测由教师在智慧课堂学习系统环境中应用智慧课堂学习模式与策略开展教学后进行。

1. 前测内容

前测由教师在智慧课堂的学习环境下未应用智慧课堂学习模式与策略讲解语文课"廉颇蔺相如列传（1～5段）"教学内容，具体步骤如下。

（1）课程学习。由语文课"廉颇蔺相如列传（1～5段）"任课教师导入新课，介绍作者和《史记》图书，简介时代背景，范读第1～5段，讲读第一部分，配合学生讲解，教师点拨，讲读第二部分，配合学生讲解，教师纠正，补充，加深理解。

（2）学生学习质量检测。由研究者配合任课教师设计课程的测验卷，检验学生的学习质量。测验卷包含2道选择和2道翻译题。

（3）学生个性化学习过程态度调查。依托智慧课堂学习系统，运用本书设计的学生个性化学习过程态度问卷检验学生对学习过程的感受和评价。

2. 后测内容

后测内容由教师在智慧课堂学习系统环境中应用智慧课堂学习模式与策略，引导学生开展语文课"廉颇蔺相如列传（6～13段）"的学习，具体步骤如下。

（1）学习共同体设计。学生之间组成学习伙伴与教师一起设定学习目标为：学习课文中的一些文言多义词和词类活用现象。体会这篇课文善于剪裁和组织材料的方法，以及用语言、行动揭示人物性格的表现手法。

（2）学习活动设计。在学习活动设计中融入智慧课堂学习模式与策略，具体方案如下。

1）课前进入"学生空间"预习，解释加点词语，翻译句子，拍照并上传系统。

2）展示预习情况，互评。

3）教师提出问题，创设学习情境，互动讲读第二部分第二层。

4）学生以小组为单位共同看课文，开展协作学习研讨问题：①蔺相如发现秦王"无意偿赵城"后怎么办？②归璧于赵后，蔺相如又是怎样对秦王交代的？

5）小组讨论过后，各组将讨论结果拍照上传系统。

6）组间浏览，组内评价，选取高分组员上台交流。

7）教师点评，深化对问题的认识。

8）小结，学生朗读并提出还存在的疑问。

9）完成课后任务。

（3）智慧课堂学习环境设计。依托智慧课堂学习系统实时推送学习资源，采集学生数据，展开实时互评，实时分屏显示互评结果，实时拍摄、共享图片。

（4）学习过程设计。1）课前，学生预习第6～13段，在"学生空间"翻译重点词语和句子。2）课中，教师检查预习情况，与学生互动讲读第二部分第二层（6～11段），略讲第二部分第三层（12～13段），小结第二部分，复习巩固第二部分，完成练习。3）课后，学生进入学生空间及时进行评价和反思，扩展练习，巩固所学知识。

（5）学生学习质量检测。研究者与授课教师合作设计课程的测验卷，检验学生的学习质量。测验卷包含2道选择和2道翻译题。

（6）学生个性化学习过程态度调查。依托智慧课堂学习系统，运用本书设计的学生个性化学习过程态度问卷检验学生对学习过程的感受和评价。

（7）学生学习能力调查

依托智慧课堂学习系统，运用本书设计的学生学习能力问卷调查学生学习能力水平。

二、智慧课堂试验实施与数据分析

（一）智慧课堂试验实施

本次试验采用前后测对比研究。前测由教师在智慧课堂学习系统环境中未应用智慧课堂学习模式与策略讲解学习内容；后测由教师在智慧课堂学习系统环境中应用智慧课堂学习模式与策略引导学生学习。

1. 前测实施

前测内容是课堂教学过程中教师未应用智慧课堂学习模式与策略讲解课程内容，具体步骤如下。

（1）课程学习。由语文课"廉颇蔺相如列传（1～5段）"任课教师导入新课，介绍作者和《史记》图书，简介时代背景，范读第1～5段，讲读第一部分，配合学生讲解，教师点拨，讲读第二部分，配合学生讲解，教师纠正，补充，加深理解。

（2）学生学习质量检测。教师使用设计的课程测验卷检验学生的学习质量。测验卷包含 2 道选择和 2 道翻译题（见附录五）。

（3）学生个性化学习过程态度调查。依托智慧课堂学习系统，运用本书设计的学生个性化学习过程态度问卷检验学生对学习过程的感受和评价（见附录六）。

2. 后测实施

后测内容由教师在智慧课堂学习系统环境中应用智慧课堂学习模式与策略开展语文课"廉颇蔺相如列传（6 ~ 13 段）"的教学。教学活动现场如图 7.36 所示。

图 7.36　教学活动现场图

后测实施的具体步骤如下。

（1）课程学习。课前，教师为了了解每个学生对"廉颇蔺相如列传"课文的认知水平，让学生解释画线词语。学生将完成的文字材料拍照，登录并上传智慧课堂学习系统。教师通过系统"学习情景采集"技术了解学生认知水平后，在系统中为学生做出点评，让学生了解自己知识掌握情况，并根据学生认知情况采用"资源分层共享"技术向不同学生推送"司马迁简介""《史记》简介"和课文的时代背景等不同学习资源，引导学生进行个性化学习和自主探究学习，促使学生做好认知准备。

课中，教师首先使用系统"实时内容推送"技术，通过电子白板和学生端屏幕广播展示学生预习情况，并进行点评。然后，教师通过系统推送问题"蔺相如发现秦王'无意偿赵城'后怎么办？"和"归璧于赵后，蔺相如又怎样对秦王交代的？"创设学习情境，接着互动讲读课文第二部分第二层。随后，教师通过系统将学生分组，学生以小组为单位结成学习伙伴，共同通过学生端平板电脑查看课文，查工具书，朗读和翻译这一层后，开展协作学习研讨教师提出的问题。小组讨论过后，每位学生撰写讨论结果，并将讨论结果拍照上传系统，组内学习伙伴可以互相浏览，使用系统"即时反馈评价"技术互相评价，教师通过系统"学习情景采集"技术实时监控学生互评情况，使用"智能学习分析"技术推选出每组当中获得好评最多的学生上台交流发言。

　　学生发言后，教师通过系统"协作互动交流"技术多屏互动投放学生讨论结果，在教师端平板电脑上点评学生讨论情况，推送至电子白板、投影仪和学生端，帮助学生深化对问题的认识。教师接着略讲课文第二部分第三层（12～13段）"完璧归赵"后的结局。课程最后，学生朗读课文，并通过系统提交还存在的疑问，教师对学生的疑问进行分析、解答，并小结第二部分内容。师生多屏互动点评现场如图 7.37 所示。

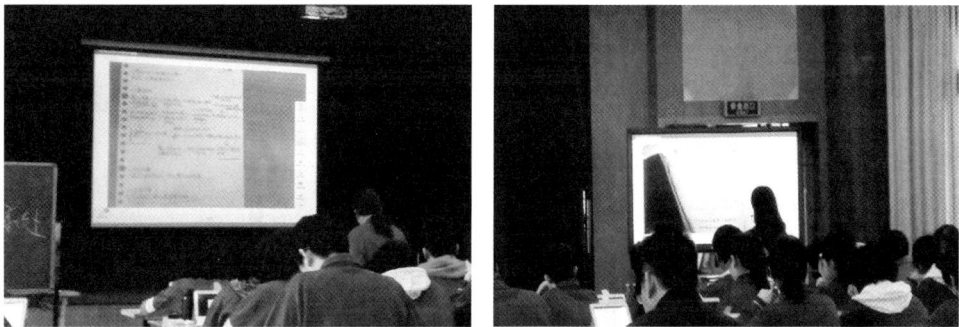

图 7.37　师生多屏互动点评现场图

　　课后，教师应用智慧课堂学习系统教师端"实时内容推送"技术为学生布置课后练习："蔺相如的这种品质，作者是如何表现的？"并推送拓展资源。学生应用"移动通信互联"技术参与讨论，在学习活动结束后在学生空间评价反思学习过程。教师为参与学生讨论的学生推送分析：1）直接描写，2）间接描写；学生根据教师推送的资源进行知识内化。

　　（2）学生学习质量检测。由任课教师向学生推送设计的测验卷，检验学生的学习质量。测验卷包含 2 道选择和 2 道翻译题（见附录五）。

　　（3）学生个性化学习过程态度调查。依托智慧课堂学习系统，运用本书设计的学生个性化学习过程态度问卷检验学生对学习过程的感受和评价（见附录六）。

　　（4）学生学习能力调查。依托智慧课堂学习系统，运用本书设计的学生学习能力问卷，调查学生学习能力水平（见附录七）。

　　（二）学生学习质量检测结果与分析

　　根据智慧课堂学习系统"教学分析中心"模块跟踪数据（见图 7.38 和图 7.39），学生两次测验正确率全班整体由 63.98% 提升到了 75.41%（见图 7.40），知识掌握率有了很大提高。

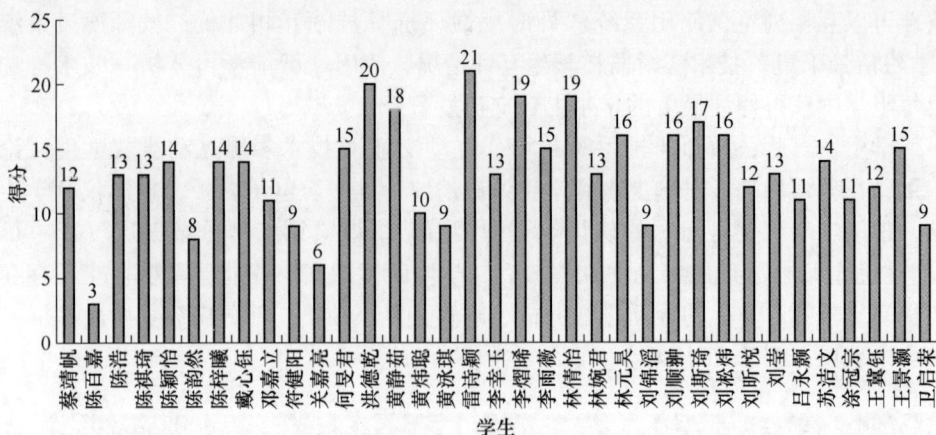

图 7.38 每位学生作业练习数据跟踪（"廉颇蔺相如列传（1~5 段）"课程测试）

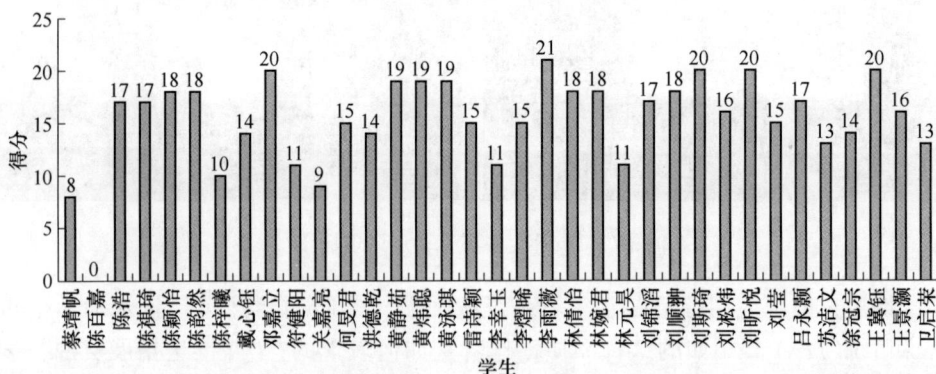

图 7.39 每位学生作业练习数据跟踪（"廉颇蔺相如列传（6~13 段）"课程测试）

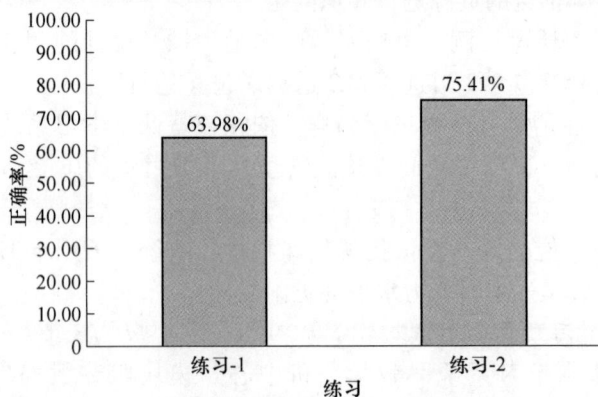

图 7.40 全班作业练习数据统计跟踪

本书利用 IBM SPSS Statistics 19.0 对学生前后两次测验成绩进行 t 检验，检验学生的学习成绩差异。结果如表 7.25 所示。

表 7.25 个案三前测与后测的 t 检验结果

项　目		成　对　差　分					t	df	Sig.（双侧）
		均值	标准差	均值的标准误差	差分的95%置信区间				
					下限	上限			
对 1	前测－后测	－2.28571	5.61249	0.80178	－3.89781	－0.67362	－2.851	48	0.006

从前测与后测的配对样本 t 检验结果可以看出，差异显著概率 Sig.（双侧）= 0.006 < 0.05，因此，前测与后测成绩差异显著。平均分值差为 －2.28571，后测的平均分比前测的平均分高。可以看出，应用智慧课堂学习模式和策略开展教学显著提高了学生学习质量。

（三）学生个性化学习过程态度调查数据分析

两次课堂学习后，教师分别运用智慧课堂的"即时反馈评价"功能对全体 36 名同学进行个性化学习过程态度调查。系统第一次回收问卷 36 份，回收率 100%，有效问卷 36 份，有效率 100%；第二次回收问卷 36 份，回收率 100%，有效问卷 33 份，有效率 91.7%。

1. 学生个性化学习过程态度调查数据 X^2 检验

根据智慧课堂系统跟踪显示的学生个性化学习过程态度调查数据，笔者利用 IBM SPSS Statistics 19.0 对两次调查中评价维度"提升个性化学习兴趣"和"优化个性化学习过程"的数据分组统计，并进行 X^2 检验，检验两次学习后学生态度的差异情况。

（1）"提升个性化学习兴趣"评价维度 X^2 检验。本书将两次学生问卷调查中，"提升个性化学习兴趣"评价维度对应的指标描述数据求和统计后，根据组别＊态度交叉制表（见表 7.26），运行 SPSS 软件进行 X^2 检验，其结果见表 7.27。

表 7.26 "提升个性化学习兴趣"组别＊态度交叉制表

项　目		态　度					合计
		－2.00	－1.00	0.00	1.00	2.00	
组别	1.00	3	9	25	29	42	108
	2.00	0	0	13	29	57	99
合计		3	9	38	58	99	207

表 7.27 "提升个性化学习兴趣" X^2 检验结果

项　目	值	df	渐进 Sig.（双侧）
Pearson 卡方	17.704[a]	4	0.001
似然比	22.381	4	0.000
线性和线性组合	15.785	1	0.000
有效案例中的 N	207		

从两次学生问卷调查"提升个性化学习兴趣"项目对应数据进行 X^2 检验的结果可以看出，渐进 Sig.（双侧）<0.01，可以得知两次学生问卷调查数据差异非常显著。从数据可以看出，应用智慧课堂学习模式和策略开展教学，能显著提升学生个性化学习兴趣。

（2）"优化个性化学习过程"评价维度 X^2 检验。本书将两次学生问卷调查中"优化个性化学习过程"评价维度对应的指标描述数据求和统计后，根据组别＊态度交叉制表（见表 7.28），运行 SPSS 软件进行 X^2 检验，其结果见表 7.29。

表 7.28 "优化个性化学习过程"组别＊态度交叉制表

项　目		态　度					合计
		1.00	2.00	3.00	4.00	5.00	
组别	1.00	2	26	23	31	62	144
	2.00	0	0	17	34	81	132
合计		2	26	40	65	143	276

表 7.29 "优化个性化学习过程" X^2 检验结果

项　目	值	df	渐进 Sig.（双侧）
Pearson 卡方	31.100[a]	4	0.000
似然比	41.868	4	0.000
线性和线性组合	24.205	1	0.000
有效案例中的 N	276		

从两次学生问卷调查"优化个性化学习过程"项目对应数据进行 X^2 检验的结果可以看出，渐进 Sig.（双侧）<0.01，可以得知两次学生问卷调查数据差异非常显著。从数据可以看出，应用智慧课堂学习模式和策略开展教学能显著优化学生个性化学习过程。

学生个性化学习过程态度调查数据 X^2 检验总体结果如表 7.30 所示。

从两次学生问卷调查两个评价维度对应的数据进行 X^2 检验的结果可以看出，渐进 Sig.（双侧）均小于 0.01，可知两次学生问卷调查数据差异非常显著。从数据对比可以看出，应用智慧课堂学习模式和策略开展教学能够显著提升学生个性化学习兴趣和优化学生个性化学习过程。

表 7.30 个案三两次学生个性化学习过程态度调查数据 X^2 检验结果

项 目	Pearson 卡方结果		
	值	df	渐进 Sig.（双侧）
提升个性化学习兴趣	17.704[a]	4	0.001
优化个性化学习过程	31.100[a]	4	0.000

2. 学生学习态度调查数据可视化分析

教师和学生在智慧课堂学习系统环境中应用了智慧课堂学习模式与策略，开展了语文课"廉颇蔺相如列传（6～13 段）"的学习。智慧课堂学习系统对完成该课学习的学生态度调查数据进行了统计，并通过图表进行了可视化展示，现本文对系统统计数据进行分析。

（1）"提升个性化学习兴趣"调查。学生语文课"廉颇蔺相如列传（6～13 段）""提升个性化学习兴趣"调查数据，通过智慧课堂学习系统可视化呈现如图 7.41 和图 7.42 所示。

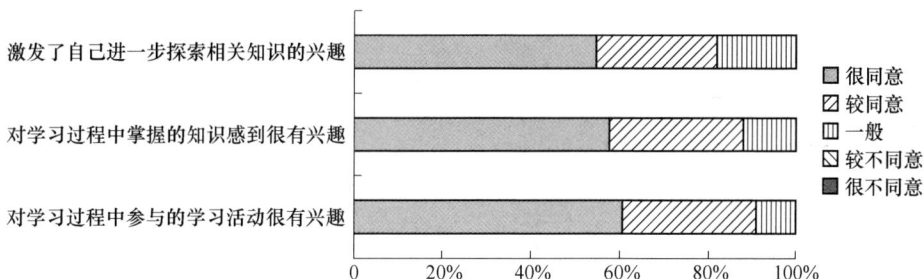

图 7.41 "提升个性化学习兴趣"调查数据可视化图

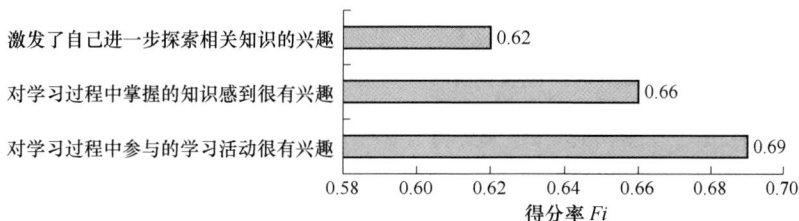

图 7.42 "提升个性化学习兴趣"调查数据得分率可视化图

系统数据统计结果显示，学生在"提升个性化学习兴趣"的评价维度，各

题项得分率 F_i 均大于 0。应用智慧课堂学习模式与策略，能提升学生的个性化学习兴趣。根据观察，智慧课堂学习模式中的"进入学习情境"和"互动协作学习"学习活动设计，学习策略中的"认知互动"和"多元评价"策略，为学生学习主动性的激发起到了一定效果。学生在课前、课中和课后的学习过程中，感到能被学习活动吸引注意，并觉得所学知识对自己有实际意义，对整个学习过程基本感到满意，对学习模式适应。

（2）"优化个性化学习过程"调查。学生语文课"廉颇蔺相如列传（6~13段）""优化个性化学习过程"调查数据，通过智慧课堂学习系统可视化呈现如图 7.43 和图 7.44 所示。

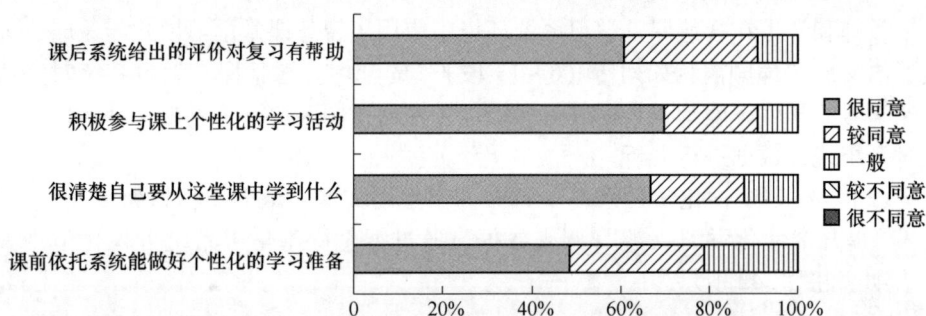

图 7.43 "优化个性化学习过程"调查数据可视化图

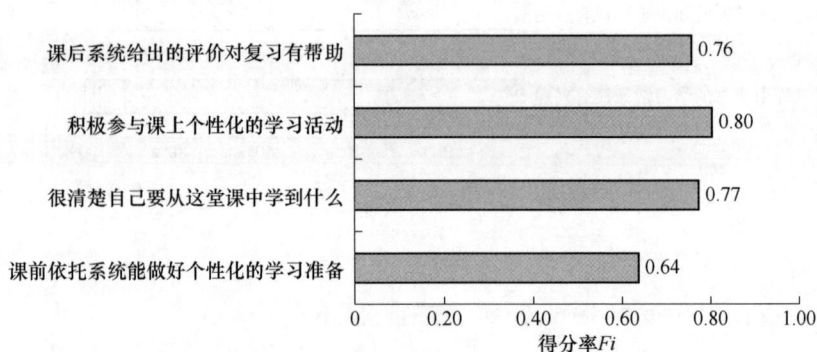

图 7.44 "优化个性化学习过程"调查数据得分率可视化图

系统数据统计结果显示，学生在"优化个性化学习过程"的评价维度，各题项得分率 F_i 均大于 0。应用智慧课堂学习模式与策略能优化学生个性化学习过程。根据观察，学生通过"自主检测分析""自我探究分享"和"互动协作学习"活动，在课前、课中和课后的学习过程中，学习计划性、目的性和参与情况良好。智慧课堂学习模式的"评价反思内化"设计，学习策略中"全过程评价"的生生实时互评策略，与智慧课堂学习系统的"反馈评价"功能相结合，对学生学习主动性的激发、学习自信的提高起到了效果，巩固反思情况良好。

（四）学生学习能力调查数据分析

教师和学生在智慧课堂学习系统环境中应用智慧课堂学习模式与策略开展了语文课"廉颇蔺相如列传（6～13段）"的学习后，教师依托智慧课堂学习系统对全体 36 名学生学习能力提升情况进行了调查，系统收回问卷 36 份，回收率100%，有效率100%。调查结果数据分析如下。

1. 个性化学习能力调查数据分析

对学生个性化学习能力进行调查分析，形成数据表见表 7.31。

表 7.31　学生个性化学习能力调查数据表

评价维度	指　标　描　述	优秀 5	良好 4	中等 3	较差 2	很差 1	得分率 F_i
个性化学习能力							
获取与应用个性化学习资源	学习过程中能主动查找学习资源	16	8	9	0	0	0.84
	学习过程中能积极与同学共享自己的学习资源	14	12	7	0	0	0.84
	学习过程中能通过系统推送获取自己需要的学习资源	27	2	4	0	0	0.94
	学习过程中能对获得的学习资源进行分析	25	4	4	0	0	0.93
提高个性化知识掌握率	学习过程中能掌握要学习的知识	20	10	3	0	0	0.90
	学习过程中掌握知识的速度较快	18	4	11	0	0	0.84
	学习过程中能运用掌握的知识解决问题	22	8	3	0	0	0.92

数据统计结果得分率 F_i 的平均值为 0.89 > 0.5，说明应用智慧课堂学习模式与策略显著提高了学生的个性化学习能力，具体体现在学生能获取与应用个性化学习资源和能提高个性化知识掌握率等。

2. 自主探究能力调查数据分析

对学生自主探究能力进行分析，形成数据表见表 7.32。

数据统计结果得分率 F_i 的平均值为 0.9 > 0.5，说明应用智慧课堂学习模式与策略显著提高了学生的自主探究能力，具体体现在学生能主动明确学习目标、主动表达自我学习需求、根据系统反馈适时调整学习进度和自我改进学习方法等。

表 7.32　学生自主探究能力调查数据表

评价维度	指　标　描　述	优秀 5	良好 4	中等 3	较差 2	很差 1	得分率 F_i
自主探究 能力	学习过程中能主动明确学习目标	23	9	4	0	0	0.91
	学习过程中能主动表达自我学习需求	22	10	4	0	0	0.90
	学习过程中根据系统反馈适时调整学习进度	26	6	4	0	0	0.92
	学习过程中能自我改进学习方法	21	8	6	1	0	0.87

3. 知识建构能力调查数据分析

对学生知识建构能力进行调查分析,形成数据表见表 7.33。

表 7.33　学生知识建构能力调查数据表

评价维度	指　标　描　述	优秀 5	良好 4	中等 3	较差 2	很差 1	得分率 F_i
知识建构 能力	学习过程中能够快速获取所需知识	24	9	3	0	0	0.92
	学习过程中能够分析和归纳知识	22	9	4	1	0	0.89
	学习过程遇到问题能从多角度思考	20	10	6	0	0	0.88
	学习过程中能主动发现问题并运用已学知识解决问题	20	9	6	1	0	0.87

数据统计结果得分率 F_i 的平均值为 0.89>0.5,说明应用智慧课堂学习模式与策略显著提高了学生的知识建构能力,具体体现在学生能快速获取所需知识、分析和归纳知识、遇到问题能从多角度思考和主动发现问题并运用已学知识解决问题等。

4. 协作互动能力调查数据分析

对学生协作互动能力进行调查分析,形成数据表见表 7.34。

表 7.34　学生协作互动能力调查数据表

评价维度	指　标　描　述	优秀 5	良好 4	中等 3	较差 2	很差 1	得分率 Fi
协作互动能力	学习过程中能主动与学习同伴、教师沟通	24	9	3	0	0	0.92
	学习过程中能主动提出自己见解	23	8	5	0	0	0.90
	学习过程中能虚心听取并接纳同伴提出的不同见解	24	8	4	0	0	0.91
	学习过程中能主动分享学习经验	22	10	4	0	0	0.90
	学习过程中能利用系统工具和技术完成协作任务	21	11	4	0	0	0.89

　　数据统计结果得分率 Fi 的平均值为 0.9 > 0.5，说明应用智慧课堂学习模式与策略显著提高了学生的协作互动能力，具体体现在学生能主动与学习同伴、教师沟通、主动提出自己见解、虚心听取并接纳同伴提出的不同见解、主动分享经验和利用系统工具和技术完成协作任务等。

　　5. 信息资源创新能力调查数据分析

　　对学生信息资源创新能力进行调查分析，形成数据表见表 7.35。

表 7.35　学生信息资源创新能力调查数据表

评价维度	指　标　描　述	优秀 5	良好 4	中等 3	较差 2	很差 1	得分率 Fi
信息资源创新能力	学习过程中能对信息资源进行设计	22	7	7	0	0	0.88
	学习过程中能完成信息资源的制作	21	9	6	0	0	0.88
	学习过程中能共享信息资源	20	10	6	0	0	0.88

　　数据统计结果得分率 Fi 的平均值为 0.88 > 0.5，说明应用智慧课堂学习模式与策略显著提高了学生的信息资源创新能力，具体体现在学生能设计信息资源、制作信息资源和共享信息资源等。

　　6. 学习评价能力调查数据分析

　　对学生学习评价能力进行调查分析，形成数据表见表 7.36。

表 7. 36　学生学习评价能力调查数据表

评价维度	指　标　描　述	优秀 5	良好 4	中等 3	较差 2	很差 1	得分率 F_i
学习评价能力	学习过程中能根据系统评价对自我学习水平进行分析	16	11	7	2	0	0.83
	学习过程中能通过系统客观评价他人的表现	18	9	6	4	0	0.84
	学习过程中能主动参与系统中的学习评价活动	14	13	8	1	0	0.82

数据统计结果得分率 F_i 的平均值为 0.83 > 0.5，说明应用智慧课堂学习模式与策略显著提高了学生的学习评价能力，具体体现在学生能根据系统评价对自我学习水平进行分析、能通过系统客观评价他人的表现和能主动参与系统中的学习评价活动等。

根据上述数据分析结果可以得出如下结论：在课堂中应用智慧课堂学习模式与策略显著提高了学生的个性化学习能力、自主探究能力、知识建构能力、协作互动能力、信息资源创新能力和学习评价能力。

（五）智慧课堂学习体验反馈

为学习活动结束后，教师可以运用智慧课堂的即时反馈评价功能，在"老师空间"向全班学生发布研讨任务："请你谈谈这堂课的学习感受"（见图 7.45）。学生当天在"学生空间"完成研讨任务。教师在研讨区查看全班学生对这堂课的学习体验反馈（见图 7.46）。从反馈情况来看，大部分学生学习体验良好，学到了新知识，提升了学习兴趣。

图 7.45　教师发布研讨任务

学生gz18　2016-04-24 16:54

学习体验良好，还想多尝试一些智慧课堂的学习方法。

学生gz21　2016-04-24 16:52

在学习活动中掌握了这节课要学习的知识，很棒！

学生gz15　2016-04-24 16:51

可以了解自己的学习水平，看到更多相关的学习资料。

学生gz02　2016-04-24 16:49

掌握了新知识，在这样的学习环境中学习感觉很好。

学生gz02　2016-04-24 16:45

收获很大，提升了学习兴趣。

图7.46　学生课堂学习体验反馈

三、智慧课堂试验结果

通过对智慧课堂中学语文课学习个案试验数据进行分析，t 检验反映学生学习质量得到了提高；X^2 检验结合系统对学生态度数据的可视化分析，反映提升了学生的个性化学习兴趣和优化了学生个性化学习过程；得分率 Fi 数据统计反映学生学习能力提高了。综合学生的学习体验反馈及对教师的观察了解可见，应用智慧课堂学习模式和策略能够提高学生学习质量；提升学生个性化学习兴趣，优化学生个性化学习过程；提高学生个性化学习能力、自主探究能力、知识建构能力、协作互动能力、信息资源创新能力和学习评价能力。

在本次试验过程中，教师组织每位学生撰写讨论结果，并拍照上传系统，组内学习伙伴互相评价；教师通过系统"学习情景采集"技术和"智能学习分析"

技术选出每组当中获得好评最多的学生上台交流发言。该过程体现了面向信息化的学习模式课堂学习活动的"互动协作学习"环节，在试验现场反应良好，后续研究可进一步完善运用。

第八章　总结与创新

  本书在梳理国内外研究现状的基础上，以教学系统设计理论、智慧教育理论、混合学习理论、联通主义理论、发展心理学理论、学习活动理论和游戏化学习理论为指导，运用文献研究、内容分析、个案研究和试验研究等方法，分析了智慧课堂学习系统对智慧课堂学习系统进行了功能设计，构建了智慧课堂学习模式与策略。

  本书以深圳市荔园外国语小学三年级（5）班学生、广州市云山小学四年级（4）班学生、广州市七中高一年级（1）班学生在智慧课堂学习系统环境下分别学习英语阅读课程、数学课程及语文课程的学习内容为个案，开展单组试验并进行前测和后测。应用智慧课堂学习系统进行智能统计分析方法以及学生内省问卷调查、观察、访谈、单向量表、双向量表、X^2 检验和 t 检验等数据收集与统计分析方法等研究智慧课堂学习模式和策略的应用效果。由此得出应用智慧课堂学习模式与策略能够显著提升学生个性化学习兴趣，具体体现在学生对学习过程中参与的学习活动很有兴趣，对学习过程中掌握的知识感到很有兴趣，激发了学生进一步探索相关知识的兴趣；优化学生个性化学习过程，具体体现在学生课前依托系统能做好个性化的学习准备，很清楚自己要从这堂课中学到什么，积极参与课上个性化的学习活动，课后系统给出的评价对复习有帮助；提高学生学习质量；提高学生个性化学习能力，具体体现在学生能获取与应用个性化学习资源，包括学习过程中能主动查找学习资源，学习过程中能积极与同学共享自己的学习资源，学习过程中能通过系统推送获取自己需要的学习资源，学习过程中能对获得的学习资源进行分析；提高学生个性化知识掌握率，包括能掌握要学习的知识，掌握知识的速度较快，能运用掌握的知识解决问题；提高学生自主探究能力，具体体现在学生在学习过程中能主动明确学习目标，能主动表达自我学习需求，能根据系统反馈适时调整学习进度，能自我改进学习方法；提高学生知识建构能力，具体体现在学生能快速获取所需知识，分析和归纳知识，遇到问题多角度思考和主动发现问题并运用已学知识解决问题等；提高学生协作互动能力，具体体现在学生能主动与学习伙伴和教师沟通，主动提出自己见解，虚心听取并接纳同伴提出的不同见解，主动分享经验和利用系统技术完成协作探究任务等；提高学生信息资源创新能力，具体体现在学生能设计信息资源，制作信息资源和共享信息资源等；提高学生学习评价能力，具体体现在学生能对自我学习水平进行分析，客观评价他人的表现和主动参与学习评价等。

本书包含三个创新点。

创新点一：创建了智慧课堂学习模式。

智慧课堂学习模式主要包括以下方面。

（1）学习共同体设计：由学生、学习伙伴和教师构成的共同体完成学习目标和任务等设计。

（2）学习活动设计：自我分析学习活动设计、自主探究学习活动设计、情境创设学习活动设计、协作互动学习活动设计、评价反思学习活动设计和巩固扩展学习活动设计。

（3）学习环境设计：课前应用学习情景采集、移动互联通信、实时内容推送和信息资源分层共享等技术的环境设计；课中应用的实时内容推送、信息资源分层共享、协作互动交流、智能学习分析和即时反馈评价等技术的环境设计；课后应用的即时反馈评价、移动互联通信和实时内容推送等技术的环境设计。

（4）学习过程设计：课前、课中和课后的学习过程设计对学生智慧成长、个性化学习过程的形成和教育质量的提高等具有指导意义。

创新点二：创建了智慧课堂学习策略。

智慧课堂学习策略主要包括以下方面。

（1）认知策略设计：认知准备设计，即在学习前师生开展有效讨论，教师为学生推送资源，提出任务要求，学生主动获取、共享学习资源，完成任务要求等；认知互动设计，即教师组织学习活动，学生与场景互动，跨空间实时交流，协同解决问题等。

（2）资源管理策略设计：信息资源按需获取设计，即学生通过协同过滤获取资源、分序列获取资源、基于关联规则获取资源等；信息资源动态生成设计，即师生主动共享自创资源，原生性资源的分层存放和主动传递，关注系统记录的学习行为数据等。

（3）多元评价策略设计：形成性评价设计，即课前、课中和课后师生基于系统的自评与互评，系统对每个学生情况的数据记录和评价等；总结性评价设计，即教师通过系统统计数据了解每个学生及全班学生的总体情况，学生通过系统了解自我纵向及横向的总体评价等，对智慧学习的学习策略探索具有参考价值。

创新点三：将智慧课堂的在线数据收集分析方法和学生内省的问卷调查分析方法有机地融合在一起。

本书的应用效果研究采用智慧课堂的在线数据收集分析方法和学生内省的问卷调查分析方法。智慧课堂的在线数据收集分析方法主要包括：每位学生作业练习数据跟踪统计、全班学生作业练习数据跟踪统计、单次作业练习得分率对比统计、学生学习态度反馈数据收集统计和学生学习能力反馈数据收集统计等，该方法客观科学。采用学生内省的问卷调查分析方法论证智慧课堂的在线数据收集分析方法收集数据的效度。为此，在学生内省的问卷调查数据统计的基础上采用 X^2 检验和 t 检验等方法来验证智慧课堂学习模式与策略的应用效果，其结论与前者一致，提高了验证效果的效度。

参 考 文 献

[1] 徐福荫. 智慧教育系统建设顶层设计 [R]. 华南师范大学教育信息技术学院, 2016-03-05.

[2] 徐福荫. 信息时代的学与教 [J]. 电化教育研究, 2007 (12): 5-8.

[3] 祝智庭, 贺斌. 智慧教育: 教育信息化的新境界 [J]. 电化教育研究, 2012 (12): 5-13.

[4] 余胜泉. 推进技术与教育的双向融合——《教育信息化十年发展规划 (2011—2020 年)》解读 [J]. 中国电化教育, 2012 (5): 5-14.

[5] 卞金金, 徐福荫. 基于智慧课堂的学习模式设计与效果研究 [J]. 中国电化教育, 2016 (2): 64-68.

[6] 徐福荫. 现代教育技术基础 [M]. 北京: 人民教育出版社, 2005.

[7] 胡钦太, 郑凯, 胡小勇, 等. 智慧教育的体系技术解构与融合路径研究 [J]. 中国电化教育, 2016 (1): 49-55.

[8] BENNETT S, MATON K, KERVIN L. The 'Digital Natives' Debate: A Critical Review of the Evidence [J]. British Journal of Educational Technology, 2008 (5): 775-786.

[9] SEVINDIK T. Future's learning environments in health education: The effects of smart classrooms on the academic achievements of the students at health college [J]. Telemat. Informat., 2009.

[10] RANIA A. Evaluating Tangible User Interface-based Mobile learning [D]. University of Ottawa, 2013.

[11] 赵建华, 朱广艳. 技术支持的教与学——多伦多大学安大略教育研究所 Jim slotta 教授访谈 [J]. 中国电化教育, 2009 (6): 1-6.

[12] 陈卫东, 叶新东, 张际平. 智能教室研究现状与未来展望 [J]. 远程教育杂志, 2011 (4): 39-45.

[13] 黄荣怀, 陈庚, 张进宝. 关于技术促进学习的五定律 [J]. 开放教育研究, 2010 (1): 11-19.

[14] 黄荣怀, 胡永斌, 杨俊峰. 智慧教室的概念及特征 [J]. 开放教育研究, 2012 (2): 22-27.

[15] 胡卫星, 田建林. 智能教室系统的构建与应用模式研究 [J]. 中国电化教育, 2011 (9): 127-132.

[16] 杨宗凯. 教育信息化十年发展展望——未来教室、未来学校、未来教师、未来教育 [J]. 中国教育信息化, 2011 (18): 14-15.

[17] 宋卫华. 未来教室的构建及应用探讨 [J]. 中国信息技术教育, 2011 (12): 123-126.

[18] 纪方. 信息技术带来的课堂变化 [J]. 北京教育学院学报 (自然科学版), 2013 (1): 39-41.

[19] 王玉龙, 蒋家傅. 以需求为导向的智慧教室系统构建 [J]. 现代教育技术, 2014 (6): 99-105.

[20] 蒋家傅, 钟勇, 王玉龙, 等. 基于教育云的智慧校园系统构建 [J]. 现代教育技术, 2013 (2): 109-114.

[21] 王运武. "数字校园"向"智慧校园"的转型发展研究 [J]. 远程教育杂志, 2013 (2)：21-28.

[22] 薛恒. 智慧课堂教学模式的实践探索——以鱼洞二小智慧课堂教学模式为例 [J]. 中国信息技术教育, 2015 (15/16)：89-92.

[23] 顾小清, 张进良, 蔡慧英. 学习分析：正在浮现中的数据技术 [J]. 远程教育杂志, 2012, 30 (1)：18-25.

[24] 徐紫, 周梦瑜. 智慧教室下"Smart"小学高年段英语教学模式的探讨 [J]. 教育信息技术, 2014 (12)：24-30.

[25] 李丽娟, 郑晓丹. 智慧课堂学生高级思维能力发展策略研究 [J]. 数字教育, 2015 (4)：40-48.

[26] 李梦杰, 林秀瑜. 泛在学习环境下微课的学习策略研究 [J]. 教育信息技术, 2015 (12)：3-9.

[27] 陈卫东, 叶新东, 秦嘉悦, 等. 未来课堂——高互动学习空间 [J]. 中国电化教育, 2011 (8)：6-13.

[28] 乔军, 吴瑞华, 熊才平. 智能移动终端的教学应用及前景分析 [J]. 现代远距离教育, 2013 (2)：81-84.

[29] 祝智庭, 管珏琪. 我国基础教育信息化新发展：从"班班通"到"教育云"[J]. 中国教育信息化, 2011 (7)：4-8.

[30] 黄荣怀, 陈桄, 邬红艳. 建设北京数字学校打造北京智慧学习环境 [J]. 基础教育参考, 2012 (21)：8.

[31] 祝智庭, 管珏琪. 教育变革中的技术力量 [J]. 中国电化教育, 2014 (1)：1-9.

[32] 余胜泉, 程罡, 董京峰. E-Learning 新解：网络教学范式的转换 [J]. 远程教育杂志, 2009 (3)：3-15.

[33] HUANG R H, SALOMAA J. Mobile learning: Theories, current status, and future trends [M]. Beijing: Science Publishing, 2008.

[34] SHIH Y, MILLS D. Setting the new standard with mobile computing in onlin elearning [J]. International Review of Research in Open and Distance Learning, 2007, 8 (2)：16.

[35] 林利尧. 中小学智慧课堂建设与应用研究 [J]. 中国现代教育装备, 2013 (20)：38-39.

[36] 张永和, 肖广德, 胡永斌, 等. 智慧学习环境中的学习情景识别——让学习环境有效服务学习者 [J]. 开放教育研究, 2012 (18)：85-89.

[37] 杨现民. 信息时代智慧教育的内涵与特征 [J]. 中国电化教育, 2014 (1)：29-34.

[38] 郭晓珊, 郑旭东, 杨现民. 智慧学习的概念框架与模式设计 [J]. 现代教育技术, 2014 (8)：5-12.

[39] MARTEL C, C FERRARIS. A model for CSCL allowing tailorability: implementation in the "Electronic Schoolbag" groupware [J]. Groupware: Design, Implementation, and Use, 2004 (3198)：322-337.

[40] 徐春田. 信息技术促进中小学素质教育的方法与条件 [D]. 北京：北京师范大学, 2002.

[41] 何锡江. 混合学习模式应用于培训教育的研究 [D]. 广州：华南师范大学，2005.

[42] 唐烨伟，樊雅琴，庞敬文，等. 基于网络学习空间的小学数学智慧课堂教学策略研究 [J]. 中国电化教育，2015（242）：49-65.

[43] 黎加厚. 教育信息化环境中的学习者高级思维能力培养 [J]. 中国电化教育，2003（9）：6-9.

[44] 杨丽. 基于电子书包的翻转课堂教学研究 [J]. 软件导刊，2013（11）：175-177.

[45] 沈书生，刘强，谢同祥. 一种基于电子书包的翻转课堂教学模式 [J]. 中国电化教育，2013（12）：107-112.

[46] 郑晓丹，张华阳，胡小勇. 基于智慧终端的翻转课堂教学策略研究 [J]. 教育信息技术，2015（7）：115-119.

[47] 乜勇，刘艳斐. "电子书包"在教学应用中的实践反思 [J]. 中国教育信息化，2013（8）：3.

[48] 胡小勇. 问题化教学设计：信息技术促进教学变革 [M]. 北京：教育科学出版社，2006.

[49] CLAYTON M C, CURTIS W J, MICHAEL B H. Disrupting Class：How Disruptive Innovation Will Change the Way the World Learns：1st Edition [M]. New York：McGraw-Hill，2008.

[50] 贺斌. 智慧学习：内涵、演进与趋向——学习者的视角 [J]. 电化教育研究，2013（11）：24-33，52.

[51] 肖君，王敏娟，李雪. 移动学习资源和活动的综合模型设计研究 [J]. 现代教育技术，2011（7）：15-20.

[52] 侯元丽. 课堂有效互动研究 [D]. 上海：华东师范大学，2013.

[53] 付道明，徐福荫. 普适计算环境中的泛在学习 [J]. 中国电化教育，2007（7）：94-98.

[54] 唐烨伟，庞敬文，钟绍春，等. 信息技术环境下智慧课堂构建方法及案例研究 [J]. 中国电化教育，2014（11）：23-29.

[55] 黄荣怀，杨俊锋，胡永斌. 从数字学习环境到智慧学习环境——学习环境的变革与趋势 [J]. 开放教育研究，2012（1）：79-88.

[56] 肖君，朱晓晓，陈村. 面向终身教育的 U-learning 技术环境的构建及应用 [J]. 开放教育研究，2009（3）：91-95.

[57] 何克抗. E-Learning 的本质——信息技术与学科课程的整合 [J]. 电化教育研究，2002（1）：3-6.

[58] 余胜泉. 从知识传递到认知建构、再到情境认知——三代移动学习的发展与展望 [J]. 中国电化教育，2007（6）：12-23.

[59] 叶成林，徐福荫，许骏. 移动学习及其理论基础 [J]. 开放教育研究，2004（3）：23-26.

[60] 隋清江，张艳萍，张进宝. 移动教育：国内外实践研究综述 [J]. 教育探索，2004（8）：72-73.

[61] 赵建华，李克东. 协作学习及其协作学习模式 [J]. 中国电化教育，2000（10）：5-6.

[62] 周衍安. 在线学习与建构主义学习观的整合 [J]. 现代远距离教育，2004（1）：45-47.

[63] 张君瑞. 网络环境下问题导向学习活动的设计 [J]. 现代远程教育研究，2009（6）：

26-28.

[64] 张学波，林秀瑜．信息化环境中的教育传播实践应用模式研究 [J]．电化教育研究，
     2011 (9)：37-40.

[65] 黄荣怀．关于协作学习的结构化模型研究 [D]．北京：北京师范大学，2000.

[66] 李卢一，郑燕林．泛在学习环境的概念模型 [J]．中国电化教育，2006 (12)：10-13.

[67] 莫雷．教育心理学 [M]．广州：广东教育出版社，2002：215-216.

[68] 张伟远．网上学习环境评价模型、指标体系及测评量表的设计与开发 [J]．中国电化教
     育，2004 (7)：29-33.

[69] 周速．网络环境下教师学习共同体对教师专业发展的支持 [J]．电化教育研究，2007
     (6)：45-48.

[70] 李克东．教育技术学研究方法 [M]．北京：北京师范大学出版社，2001.

[71] 庞敬文，王梦雪，唐烨伟，等．电子书包环境下小学英语智慧课堂构建及案例研究
     [J]．中国电化教育，2015 (344)：63-84.

[72] 孙曙辉，刘邦奇，李新义．大数据时代智慧课堂的构建与应用 [J]．中国信息技术教
     育，2015 (z1)：112-114.

[73] 刘电芝，黄希庭．学习策略研究概述 [J]．教育研究，2002 (2)：78-82.

[74] 程玫．关于“智慧学习环境”的研究综述 [J]．现代教育技术，2013 (9)：25-28.

[75] 赵海涛，刘继和．“基于问题的学习”与传统教学模式的比较研究 [J]．外国教育研
     究，2007 (12)：53-57.

[76] 张文兰，刘俊生．基于设计的研究——教育技术学研究的一种新范式 [J]．电化教育研
     究，2007 (10)：13-17.

[77] 南国农．信息化教育概论 [M]．北京：高等教育出版社，2004.

[78] 何克抗，李文光．教育技术学 [M]．北京：北京师范大学出版社，2002.

[79] 徐福荫．改革开放推动我国教育技术迅猛发展 [J]．教育研究，2009 (5)：3-9.

[80] 梁文鑫，余胜泉，吴一鸣．面向信息化的教师专业发展阶段描述与促进策略研究 [J]．
     教师教育研究，2008 (1)：18-21.

[81] 张一春．教师教育技术能力建构——信息化教学环境下的教师专业发展 [M]．南京：
     南京师范大学出版社，2007.

[82] 张建伟，师书恩，苗逢春，等．中小学教师的教育信息技术绩效标准研究（上）[J]．
     中国电化教育，2003 (2)：17-20.

[83] 祝智庭，顾小清．信息素养：信息技术教育的核心 [J]．中小学信息教育，2002 (1)：
     37-41.

[84] 代蕊华．教师专业发展与校本培训 [M]．北京：教育科学出版社，2011.

[85] 黄伟．社会转型与教学设计——宏观社会教育系统设计理论对我们的启示 [J]．外国教
     育研究，2002 (2)：15-18.

[86] 付道明，杨改学．信息传播学视野下数字化学习的优化策略与应用效果研究——以“高
     级职业英语”课程为个案 [J]．中国远程教育，2011 (9)：46-53.

[87] 何克抗，郑永柏，谢幼如．教学系统设计 [M]．北京：北京师范大学出版社，2002.

[88] 乔纳森．学习环境的理论基础 [M]．任友群，译．上海：华东师范大学出版社，2002.

[89] 廖宏建，庄琪. 群体动力学在网上协作学习中的应用初探 [J]. 现代远距离教育，2005 (4)：30-32.

[90] 李克东. 新编现代教育技术基础 [M]. 上海：华东师范大学出版社，2002.

[91] 钟志贤. 面向知识时代的教学设计框架——促进学习者发展 [D]. 上海：华东师范大学，2004.

[92] 钟志贤. 知识建构、学习共同体与互动概念的理解 [J]. 电化教育研究，2005 (12)：20-24.

[93] 詹泽慧. 混合学习活动系统设计及其应用效果研究 [D]. 广州：华南师范大学，2010.

[94] 杨开城，杜立梅. 基于活动的教学设计理论中学习内容分析和活动设计方法的探究 [J]. 中国电化教育，2003 (9)：41-46.

[95] 杨开诚. 以学习活动为中心的教学设计理论 [M]. 北京：电子工业出版社，2005.

[96] 曾祥翙. 研究性学习活动的教学设计模式研究 [J]. 电化教育研究，2011 (3)：81-88.

[97] 任友群，胡航，顾小清. 教师教育信息化的理论与实践 [M]. 上海：华东师范大学出版社，2009.

[98] 王佑镁，祝智庭. 从联结主义到联通主义：学习理论的新取向 [J]. 中国电化教育，2006 (3)：5-9.

[99] 张乐乐，黄如民. 联通主义视域下的移动学习环境设计 [J]. 现代教育技术，2013 (2)：115-119.

[100] 吴鹏泽. 信息化环境下的教育传播效果优化策略 [J]. 电化教育研究，2011 (6)：34-37.

[101] 曹晓明. 中小学教师教育技术能力培训支撑环境设计的理论与实践研究 [D]. 北京：北京师范大学，2006.

[102] HARVEY SINGH. Building effective blended learning programs [J]. Issue of Educational Technology, 2003 (6)：51-54.

[103] 龚维义，刘新民. 发展心理学 [M]. 北京：北京科学技术出版社，2004.

[104] 金瑜. 心理测量 [M]. 上海：华东师范大学出版社，2001.

[105] 马颜萍. 浅谈远程学习者元认知能力的培养策略 [J]. 中国远程教育，2006 (4)：39-41.

[106] 杨德超. 基于网络自主学习的元认知能力提高探究 [D]. 济南：山东师范大学，2009：7.

[107] 刘清堂，叶阳梅，朱珂. 活动理论视角下 MOOC 学习活动设计研究 [J]. 远程教育杂志，2014 (4)：99-105.

[108] 陈卫东，叶新东，许亚锋. 未来课堂：智慧学习环境 [J]. 远程教育杂志，2012 (5)：42-49.

[109] 郑彬彬，庄秀丽. 基于维基平台的教学活动设计 [J]. 中国远程教育，2008 (12)：36-40.

[110] 刘电芝. 学习策略的实质 [J]. 宁波大学学报，2000 (1)：18-20.

[111] 张履芬，钱含芬. 小学生学习策略训练效应的实验研究 [J]. 心理科学，2000 (1)：103-104.

［112］李玉斌．小学教师现代教育技术能力培养的现状与对策研究［D］．兰州：西北师范大学，2001．

［113］武法提．网络教育应用［M］．北京：高等教育出版社，2003．

［114］周坤亮．教师教育中的案例教学法［J］．教育理论与实践，2011（5）：34-36．

［115］余武．欧美各国教师教育信息化发展及启示［J］．电化教育研究，2004（4）：72-76．

［116］祝智庭，沈德梅．学习分析学：智慧教育的科学力量［J］．电化教育研究，2013（5）：5-12，19．

［117］张大均，教育心理学［M］．北京：人民教育出版社，2011．

［118］皮连生．教学设计：心理学的理论与技术［M］．北京：高等教育出版社，2000．

［119］GEORGE SIEMENS. Connectivism：A learning theory for the digital age［J］．Instructional technology & distance learning，2005，2（1）：3-10．

附　　录

附录一　英语阅读课 "Finger Snapper" 测试题

一、连线题

What did the children say to their mother when she asked for help?

Kipper   In a bit.

Chip   Not just now.

Biff   Yes, but not now.

二、选择题

(1) Who has a finger snapper? (　　)

A. Kipper

B. Chip

C. Biff

D. Kipper

(2) What does Mum do at home? (　　)

A. hoover the carpet

B. get the washing in

C. dry the dishes

D. sweep the floor

(3) How do you help at home? (　　)

A. sweep the floor

B. clear the kitchen

C. walk dogs

D. look after the baby

附录二　英语阅读课 "Rain Forest Food" 测试题

一、连线题

The rain forest is full of animals. What animals live in the rain forest?

Tick and match.

　　○　　　　　　　　○ Toucan

　　○　　　　　　　　○ Anteater

　　○　　　　　　　　○ Monkey

　　○　　　　　　　　○ Alligator

　　○　　　　　　　　○ Snake

二、选择题

What animals live in the rain forest? （　　　）（多选题）

A.

B.

C.

D.

E.
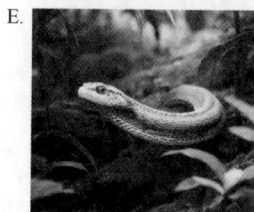

（2）What would animals eat in the rain forest?（　　）（多选题）

A.

B.

C.

D.

E.

（3）The Big Idea.

What is the big idea of the book?（　　）

A. Animals in the rain forest eat different food.

B. There are six kinds of animals in the rain forest.

附录三　数学课"平行与垂直"测试题

一、选择题

（1）有两条直线都和一条直线平行，这两条直线（　　）。

A. 互相垂直

B. 互相平行

C. 相交

（2）过直线外的一点画已知直线的平行线，这样的平行线可以画（　　）条。

A. 1

B. 2

C. 无数

（3）在同一平面内不重合的两条直线（　　）。

A. 相交

B. 平行

C. 不相交就平行

（4）两条直线互相垂直，可以组成几个直角？正确的是（　　）。

A. 2 个

B. 1 个

C. 4 个

（5）过直线外一点，画已知直线的垂线，这样的垂线可以画（　　）。

A. 1 条

B. 2 条

C. 无数条

（6）下面图中有几组垂线？正确的是（　　）。

A. 6 组

B. 10 组

C. 12 组

二、填空题

（1）过直线外一点，画一条已知直线的垂线，可以画（　　）条。

（2）两条直线相交成直角时，这两条直线叫作（　　）。

（3）课桌面相邻的两条边是互相（　　）的。

（4）（　　）叫作互相垂直，（　　）垂线，（　　）垂足。

（5）过直线外一点，画一条直线的垂线，这样的直线可以画（　　）条。

（6）两条直线相交能组成（　　）个角，如果相交成直角时，这两条直线叫作（　　）。

附录四　数学课"画垂线"测试题

一、选择题

（1）同一平面内，两条直线的位置关系有（　　）。

A. 2 种

B. 3 种

C. 无数种

（2）把一张长方形纸上下对折一次，再左右对折一次，打开后折痕（　　）。

A. 相互平行

B. 相互垂直

C. 无法判断

（3）在同一平面内，任意一条直线的垂线有（　　）条。

A. 1

B. 2

C. 无数

（4）过直线外一点可以画（　　）条这条已知直线的垂线。

A. 1

B. 2

C. 无数

二、填空题

（1）画垂线时使三角尺的一条（　　）与（　　）重合。

（2）画垂线时可以使三角尺沿（　　）移动，使另一条（　　）靠近指定点。

（3）画垂线时沿着一条直角边画一条（　　），然后标上（　　）符号。

（4）过直线外一点，画一条已知直线的垂线，可以画（　　）条。

（5）两条直线相交成直角时，这两条直线叫作（　　）。

（6）过直线外一点画一条直线的垂线，这样的直线可以画（　　）条。

（7）两条直线相交能组成（　　）个角，如果相交成直角时，这两条直线叫作（　　）。

附录五　语文课"廉颇蔺相如列传（1~5段）"测试题

一、选择题

（1）请选出画线词用法相同错误的一项（　　）。

A. 间至赵矣　　　　　　　　设九宾于廷，臣乃敢上璧

B. 召有司案图　　　　　　　还不过三十日

C. 毕礼而归之　　　　　　　越国以鄙远

D. 于是相如前进缻，因跪请秦王　　不如因而厚遇之，使归赵

（2）请选出用法和解释不同的一项（　　）。

A. 使人遗赵王书　　　　　　秦御史前书曰

B. 相如顾召赵御史曰　　　　顾安所得酒乎《后赤壁赋》

C. 请奏瑟　　　　　　　　　相如奉璧奏秦王

D. 度道里会遇之礼毕　　　　相如度秦王特以诈详为予赵城

二、翻译题

（1）臣诚恐见欺于王而负赵，故令人持璧归，间至赵矣。

（2）今以秦之强而先割十五都予赵，赵岂敢留璧而得罪于大王乎？臣知欺大王之罪当诛，臣请就汤镬。

附录六　智慧课堂学生个性化学习过程态度问卷

亲爱的同学们：

欢迎您参与本次问卷调查。本问卷旨在了解您在本次课学习后的感受，您的意见对本次调查非常重要，请您如实填写您的看法。请您在相应的答案编号上进行选择。承担这次调查任务的单位对您所有的回答均严格保密，请不要顾虑。谢谢您的合作！

《智慧课堂学习模式与策略研究》课题组

评价维度	指标描述	很同意	较同意	一般	较不同意	很不同意
提升个性化学习兴趣	对学习过程中参与的学习活动很有兴趣					
	对学习过程中掌握的知识感到很有兴趣					
	激发了自己进一步探索相关知识的兴趣					

续表

评价维度	指标描述	很同意	较同意	一般	较不同意	很不同意
优化个性化学习过程	课前依托系统能做好个性化的学习准备					
	很清楚自己要从这堂课中学到什么					
	积极参与课上个性化的学习活动					
	课后系统给出的评价对复习有帮助					

附录七　智慧课堂学生学习能力调查问卷

亲爱的同学们：

欢迎您参与本次问卷调查。本问卷旨在了解您在本次课学习后的感受，您的意见对本次调查非常重要，请您如实填写您的看法。请您在相应的答案编号上进行选择。承担这次调查任务的单位对您所有的回答均严格保密，请不要顾虑。谢谢您的合作！

《智慧课堂学习模式与策略研究》课题组

评价维度		指标描述	优秀	良好	中等	较差	很差
个性化学习能力	获取与应用个性化学习资源	学习过程中能主动查找学习资源					
		学习过程中能积极与同学共享自己的学习资源					
		学习过程中能通过系统推送获取自己需要的学习资源					
		学习过程中能对获得的学习资源进行分析					
	提高个性化知识掌握率	学习过程中能掌握要学习的知识					
		学习过程中掌握知识的速度较快					
		学习过程中能运用掌握的知识解决问题					
自主探究能力		学习过程中能主动明确学习目标					
		学习过程中能主动表达自我学习需求					
		学习过程中能根据系统反馈适时调整学习进度					
		学习过程中能自我改进学习方法					
知识建构能力		学习过程中能够快速获取所需知识					
		学习过程中能够分析和归纳知识					
		学习过程中遇到问题能多角度思考					
		学习过程中能主动发现问题并运用已学知识解决问题					

续表

评价维度	指 标 描 述	优秀	良好	中等	较差	很差
协作互动能力	学习过程中能主动与学习同伴、教师沟通					
	学习过程中能主动提出自己见解					
	学习过程中能虚心听取并接纳同伴提出的不同见解					
	学习过程中能主动分享学习经验					
	学习过程中能利用系统工具和技术完成协作任务					
信息资源创新能力	学习过程中能对信息资源进行设计					
	学习过程中能完成信息资源的制作					
	学习过程中能共享信息资源					
学习评价能力	学习过程中能根据系统评价对自我学习水平进行分析					
	学习过程中能通过系统客观评价他人的表现					
	学习过程中能主动参与系统中的学习评价活动					